毓老师说

孟子

陈绚／整理

爱新觉罗·毓鋆／讲述

花山文艺出版社

河北·石家庄

图书在版编目（CIP）数据

毓老师说孟子/爱新觉罗·毓鋆讲述；陈绹整理.
—石家庄:花山文艺出版社，2022.1
ISBN 978-7-5511-6026-1

Ⅰ.①毓… Ⅱ.①爱… ②陈… Ⅲ.①儒家 ②《孟子》
—研究　Ⅳ.①B222.55

中国版本图书馆CIP数据核字(2021)第250504号

书　　名：**毓老师说孟子**
讲　　述：爱新觉罗·毓鋆
整　　理：陈　绹

策　　划：张采鑫　崔正山
责任编辑：张采鑫　李　鸥
特约编辑：柯琳娟
责任校对：李　鸥
装帧设计：闫冠美
美术编辑：胡彤亮
出版发行：花山文艺出版社（邮政编码：050061）
　　　　　（河北省石家庄市友谊北大街330号）

销售热线：0311-88643221
传　　真：0311-88643234
印　　刷：北京天宇万达印刷有限公司
经　　销：新华书店
开　　本：880×1230　　1/32
印　　张：9.5
字　　数：200千字
版　　次：2022年1月第1版
　　　　　2022年1月第1次印刷
书　　号：ISBN 978-7-5511-6026-1
定　　价：85.00元

爱新觉罗·毓鋆（1906—2011），清太祖努尔哈赤之次子礼亲王代善十一世裔孙，号安仁居士。

毓鋆先生与溥仪同年出生，六岁开始为末代皇帝溥仪伴读，与溥仪一起师从陈宝琛、罗振玉、叶玉麟等大儒，十三岁读毕十三经并可以背诵四书五经，一生多次阅读《四库全书》，通达古代经史子集之学。他素有华夏之志，虽出身皇族，却猛烈批评帝制。壮年曾经叱咤风云，晚年安居斗室讲学。他虽身为满人，而一生最为服膺汉儒文化。他曾由衷地表示："文化谁高，谁就同化谁。"

1947年毓老先生到台湾，后来创办天德黉舍、奉元书院，以《易经》为体，据《春秋》为用，纵论四书五经及先秦两汉诸子，立下"以夏学奥质，寻拯世真文"的宏愿，发扬中华生生不息之奥，复兴儒家经世致用之学。毓老先生一生传奇，终身信守"龙德而能隐"，读书一百年，成为跨世纪的最后一位通经大儒。

毓老先生讲学，注重因时举譬，倡导经世致用，使古代四书五经、诸子百家学问焕发了新时代的活力。毓老先生世寿一百零六岁，教学六十四年，有教无类，及门学生与授业弟子万余人，遍及海内外与各行业，被誉为两千五百多年孔子儒学的当代集大成者。

摄于 2005 年，毓老师刚好 100 岁，看不到一点儿老人斑。

身后乃毓老师手书条幅"以夏学奥质，寻拯世真文"，在"夏历甲子年幸逢双春双雨水闰十"，甲子年是 1984 年；"腊月念五日"即农历十二月二十五日，清帝逊位日。

中间的图是毓老师带到台湾的《孔子行教图》，吴道子真迹拓本，毓老师于 2011 年赠予清华大学国学院。

毓老师手稿：

奉元

《读经示要》三卷 148 页 12 行

奉元云云，见《繁露·王道》篇。奉元之举（凌晓楼本《繁露·王道》篇作"奉元之应"）。奉，谓敬以承之而勿失也。人皆自识真元，即能以天地万物一体为量。本此以立政教，则群俗趋善而太平之应不爽。

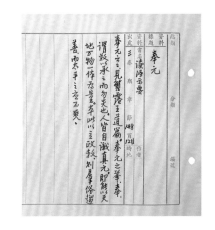

毓老师塑像

学生周义雄于毓老师七十整寿（1976 年）塑此像。

1970 年夏，毓老师摄于四维路居室前。

照片由李济捷先生提供。

2010 年仲夏，毓老师病后留影，黄德华先生摄。

毓老师教导汉学家魏斐德情状。

魏斐德教授曾两度来台从毓老师学习。

毓老师两张穿斗篷的照片。

大图摄于 1995 年，左下小图为学生周义雄摄于 1974 年新店郊区。毓老师曾说："除了老蒋，陈诚、何应钦都不敢穿斗篷！"因为只有"统帅"才有资格穿。

凡例

一、《孟子》七篇，汉刘向列在《诸子略》，宋朱熹收录为"四书"之一，跃入经部，《论》《孟》并称，成为科考必读之书，影响此下中国人深远。

二、本书以毓老师历次在书院讲授内容为主，加以整理而成。文中容有阙漏、讹误者，尚祈方家惠予指正，并俟来日补苴罅漏。

三、经文以方正宋三呈现，毓老师讲述以方正宋一呈现，各家注解以仿宋体呈现。

四、为助大众深入阅读，文中有关背景及说明，参考相关数据、著作者，略交代出处。如有疏漏之处，尚祈指正。

目 录

前　言

　　孟子（前 372—前 289），名轲，战国时期邹国人，受业于孔子孙子子思（前 483—前 402）的门人，故其书存有"说师"。《孟子》中，有许多古人思想，其中三分之一师说。读时，要分清"师说"与非"师说"处。

　　《孟子》一书，含"大同"与"小康"两义。"大同"，尧、舜之道，王制，尧传于舜，选贤举能，公天下之制，孔子"祖述尧舜"。"小康"，禹、汤、文、武、成王、周公之道，"小康"之最，六君子；乱制，世及制，家天下。

　　《孟子》文章好，清新，并不难读，是"四书"中最容易的一部。《离娄》《万章》《告子》及《尽心》四篇，除些糊涂话外，大致还不差，必要全读。但读《孟子》，必注意要点之所在：一、"道性善，言必称尧舜"，为宋儒所喜；二、说"杀一不辜而得天下，不为也"，此师说所在；三、谈"孔子作《春秋》"，至为宝贵。

孔子（前551—前479）无谈性善或性恶，孟子谈性善，宋儒喜谈心性，程子（1033—1107）喜引之。朱子（1130—1200）将《孟子》与《论语》，和取自《礼记》两篇的《大学》《中庸》，合为"四书"，并为之作集注，以孔、曾、思、孟一脉相传，为"道统"所在，为心性儒学。此后，《孟子》在众子书之上，由子部跃为经部，《十三经》中即有《孟子》。

孟子自称"乃所愿，则学孔子"，"孔孟"合称，但孟子与孔子，实差之远矣！孔子"变一为元"，孟子讲"一与之道"，但不识元。孟子、荀子（前313—前238）均为儒家，一主张性善一主张性恶，所讲亦截然不同。孟子思想不若荀子深刻，没有事功，荀子弟子有成就。

我自"元"追，寻根，找中国人立说的由来，才能深入。与人讲学时，必说出要点。既学了，就应好好学。做学问，应如同存钱，不可以因为五元而不存；做人，勿以恶小而为之，勿以善小而不为。

清末以来，知识分子要"救亡图存"，必须实际，自诸子求，诸子大兴。但此非易事，不知经几代人，才能完成此大业，你们要跑接力。子书谈事，可谓一针见血，是用事的快捷方式。子书要下功夫，但是大本必得守住，本立而后道生，"苟不至德，至道不凝焉"（《中庸》），"苟非其人，道不虚行"（《易·系辞下传》）。

《孙子》要会背，人生就是战场，每天一睁眼，就是冷战。背《孙子》，坐车、走路时，玩味之。微妙处是心传，非言语所能传，要用心悟。必用之书，必要会背，熟了才能用上。女学生用《孙子》陪嫁。一个"信"字，就是猪骨头也成佛骨。

任何一朝开国时，一帮流氓一起干，得天下后封王，皆利害与共，国有世臣，世袭罔替，利害与共，才能同生死。有其德，而居其位者，曰"明君"；有其德，无居其位者，曰"哲"，汉时称"素王"。孔子为素王，有王之德，无王之位，《春秋》为"王者之事"，新王王天下。

孔子之学，以今文家所得为多。《春秋》讲"大一统"，《孟子》称"居天下之广居"，《中庸》曰"舟车所至，人力所通"，凡天下有人住的地方，皆有守此土之责。"大一统"，"大"为赞词，"一统"，"元统"，性统，故能"大同"。

于国内，要"大居正"，"大亨以正，天之道也"（《易·临》），得其正位。位由别人立，自立是僭，大盗盗国，今文家以"天子僭天"。"王，往也"，天下所归往，故王者所居之位曰"正位"。《春秋》"大居正"，"大"，亦赞词，将居正位之德大之。居正位，必觉生，自觉觉人，生民都觉悟了，才知要拥护好人。每个人都能独行其道了，天下为公，则天下就达"见群龙无首，吉"（《易·乾》）。

人的好坏，皆咎由自取。以前重视家教，自小教导不可以随便糟蹋东西，要爱物、惜物。不可以因为家境好，就尽为小孩养毛病，一旦日后家庭有了变故，就难以胜过去。

就是当再大的官，富贵了，也不可忘掉出身的贫寒，素富贵行乎富贵。权势不可靠，最可靠的是自己。必要养成自己去奋斗的精神，重视德行，不做对不起良心的事。

读书人什么都做，但可不能乱求。不求，平易近人。不要因为暴发了，就到处乱求，人到无求品自高。

佛"戒、定、慧"，守戒才能生慧，守不住，其他不必谈。儒"定、静、安、虑、得"，自得，"无入而不自得"（《中庸》）。

中国东西也有至高境界，端视每个人的悟境。中国书贵乎真体得，体悟才有用。

"四书"，夏学之入门。《诗》《书》《礼》，"五经"之根本。要时常翻阅，思考、印证，成为自己的智慧。

读书要慢，就一个"缓"字，坐着平心静气地读，坐久了，心静自然凉，慢才能有所得。多接受前人有用的东西，就成为自己生命的力量！

读书、做事，要按部就班，循规蹈矩，不可以躐等，否则费劲。慢工，才能出巧匠。基础不好，再躐等，那就难以有成！

有守有为，有所不为，才能有所为，但环境必给你苦。我没有好过一天，每天都在苦中。一生中，什么都不会，就有好脑子，故记忆力好，看书一两遍，就记住了。

"人之有德慧术知者，恒存乎疢疾。独孤臣孽子，其操心也危，其虑患也深，故达。"（《孟子·尽心上》）操心虑危，才能度过那个"危""患"。不怕环境坏，就怕不知操心虑危。我来台，从四十五岁至今，无与一人谈过知心话。但人在我眼前一晃，就知他在想什么，还不叫"精"？

考虑事情，必要"设身"，才能使对方接受，感到你是个智者。应设身处理一事，才能使对方感动，才能达到核心。人家有事时，表示关心很重要。

"强恕而行"（《孟子·尽心上》），仁也，"恕"，如心，推己及人。想在社会上站住，活得热闹，必要懂得关心别人，别人才会关心你，许多事皆是相对的。不懂得人之所需，又怎能关心别人？懂人的心理，才能应之。为人必要细心，才能成事。做事，恰到好处很重要。

光知"万事不求人"，人家不一定求你。太孤高自赏，最后就"冷冻"。真有智慧，做事就能处处成功，超人一等。为政，"民之所好好之，民之所恶恶之"（《大学》），但如不洞悉群情，又怎知"民之好恶"？

"大匠不为拙工改废绳墨，羿不为拙射变其彀率"（《孟子·尽心上》），任何事都有"规矩"，处事不以规矩，就不能成方圆。为人处世，切不可掉以轻心。盗亦有道，下流事也有规矩。就是聪明、巧，也不能离开规矩。好好学，不要看轻自己，至少都是种子，将来会有开花结果的一天。

1. 孟子见梁惠王。王曰："叟不远千里而来，亦将有以利吾国乎？"

"利吾国"，是世局之利？抑自私之利？梁惠王并未点出。

孟子对曰："王何必曰利？亦有仁义而已矣。

孟子一开始即出问题，"王何必曰利"，主观太重。"率性之谓道"（《中庸》），道不远人，谈论不能主观。

"亦有仁义而已矣"，"仁义"就是利、义的和合，对别人有好处的，因"仁者爱人"（《孟子·离娄下》），"义者，宜也"，"行而宜之之谓义"（《原道》），仁为体，义为用。仁义并言，乃体用不二。

《论语》并无"仁""义"并言，孟子始标出"仁义"。

《易》曰"利者，义之和也"，许多好处合在一起为利，美其名曰"美利"，乃天下之公利，"能以美利利天下，不言所利，大矣哉"(《易·乾·文言》)，以利天下为目的。

"王曰'何以利吾国'？大夫曰'何以利吾家'？士庶人曰'何以利吾身'？上下交征（取）利而国危矣。

孟子与梁惠王所言之利，为两个极端。

一般人必言所利，"何以利吾身"，将利挂在嘴上，如每个人都谈私利，则"上下交征利而国危矣"！

"万乘之国弑其君者，必千乘之家；千乘之国弑其君者，必百乘之家。万取千焉，千取百焉，不为不多矣。苟为后义而先利，不夺不餍（足）。

"后义先利"，以自身作为大前提，则争权夺利，而无不为矣！

"未有仁而遗其亲者也，未有义而后其君者也。王亦曰仁义而已矣，何必曰利（私利）？"

"未有仁而遗其亲者也"，仁，人也，亲亲为大。此据乱世之说。

"未有义而后其君者也"，君臣以义合。"君者，群也"，代表国家，"君，群之首"，元首。

董子《春秋繁露·仁义法》"以仁安人，以义正我"，"仁之法在爱人，不在爱我。义之法在正我，不在正人"。

孟子谈"仁义"，是私利，"曰仁义而已，何必曰利"。孔子谈"美利"，天下之大利，以大利利大下。

2. 孟子见梁惠王，王立于沼（池）上，顾鸿雁麋鹿，曰："贤者亦乐此乎？"

孟子对曰："贤者而后乐此，不贤者虽有此，不乐也。《诗》（《大雅·灵台》）云：'经（规划）始灵台，经之营之，庶民攻（筑作）之，不日（不久）成之。经始勿亟（急），庶民子来（皆乐为之）。王在灵囿，麀（yōu）鹿攸伏（不惊），麀鹿濯（zhuó）濯（肥泽），白鸟鹤鹤（洁白）。王在灵沼（池），於（wū）牣（rèn）鱼跃。'文王以民力为台为沼。而民欢乐之，谓其台曰'灵台'，谓其沼曰'灵沼'，乐其有麋鹿鱼鳖。古之人与民偕乐，故能乐也。《汤誓》曰：'时（是）日（引申为朝廷）害（曷，何不）丧（亡）？予及女（汝）偕亡（同归于尽）。'民欲与之偕亡，虽有台池鸟兽，岂能独乐哉？"

此谈德的重要。

"时日曷丧"，"日"，况；这个朝廷，何时去死？"予及汝偕亡"，我与你一起死，同归于尽，因为受够了！

"民欲与之偕亡，虽有台池鸟兽，岂能独乐哉"，民心既失，"独乐"不可能。应与民同乐。

3. 梁惠王曰："寡人之于国也，尽心焉耳矣。河内凶，则移其民于河东，移其粟于河内。河东凶亦然。察邻国之政，无如寡人之用心者。邻国之民不加少，寡人之民不加多，何也？"

梁惠王以"仁政"自居，问："我治国如此用心，何以邻国百姓不移民来？"

孟子对曰："王好战，请以战喻。填（击鼓声）然鼓之，兵刃既接，弃甲曳兵（败退）而走。或百步而后止，或五十步而后止。以五十步笑百步，则何如？"

孟子以"败退五十步者笑败退百步者"做比喻，说："两者有何区别？"

曰："不可，直（但）不百步耳，是亦走也。"

"都是败退，没有区别。"

曰："王如知此，则无望民之多于邻国也。

孟子得出结论："那就不必期望邻国百姓移民来。"

"不违农时，谷不可胜食也；数（cù，细）罟（网）不入洿池（深池），鱼鳖不可胜食也；斧斤以时入山林，材木不可胜用也。谷与鱼鳖不可胜食，材木不可胜用，是使民养生丧死无憾也。养生丧死无憾，王道之始也。

孟子讲王道，"王者，天下所归往"。

"不违农时"，"使民以时"，农作，时为要，不失农时，那"谷不可胜食也"。

"数罟不入洿池"，禁绝使用细网，只用粗网捞大鱼，留下小鱼，才可以生生不息，"鱼鳖不可胜食也"。

"斧斤以时入山林"，砍伐树木也要按时，在草木零落时，按时才可以使林木茂盛，"材木不可胜用也"。

"不可胜用"，"是使民养生丧死无憾也"，乃惠天下之至德，"非至德，至道不凝焉"，因"小人怀惠"。

生者可以谋生，死者得以治丧，则"养生丧死无憾"。"养生送死"，中国人一切以父母为首。

"养生丧死无憾，王道之始也"，百姓丰衣足食，为王道的入手处。将高深的道理浅讲，通俗易懂。

小康是"王道之始"，王道才开始。小康，小安。孟子"道性善，言必称尧舜"，讲"小康"。

自《礼记·礼运》可知"大同"是终极目的，《易》称"万国咸宁"。

"小康"，以六君子作代表，"禹、汤、文、武、成王、周公，由此其选也"，其治理之道："谨于礼者也。以著其义，以考其信，著有过，刑仁讲让，示民有常"（《礼记·礼运》）。

"小人怀惠"，民生为首，王道之始；"万国咸宁"，王道之行；结果大同，王道之极。

"五亩之宅（居），树之以桑，五十者可以衣帛矣；鸡豚狗彘之畜，无失其时，七十者可以食肉矣；百亩之田，勿夺其时，数口之家可以无饥矣。

此段讲农村为政之本，富而后教。

"五亩之宅，树之以桑"，"五亩"，半甲地；"树之以桑"，种桑、养蚕、织布，"五十者可以衣帛矣"，就可以有衣帛穿了。

"鸡豚狗彘之畜，无失其时"，万物生生不息，天地终始之道，四时有其序，过时就不生，唯人不受时的限制生。鸡豚狗彘，失时就不生；不失其时，"七十者可以食肉矣"。

"五十非帛不暖，七十非肉不饱。不暖不饱，谓之冻馁。"（《尽心上》）人人饱暖，王道之始，天下所归往。

"百亩之田，勿夺其时"，不违其农作之时，体恤农民，"数口之家可以无饥矣"。

"谨庠序之教，申之以孝悌之义，颁白（头发半白之老者）者不负戴（肩挑重物）于道路（壮者代劳）矣。七十者衣帛食肉，黎民不饥不寒（温饱），然而不王者，未之有也。

明君应为民置产，百姓能吃得饱、穿得暖，"衣食足，然后知荣辱"。

富而后教："谨庠序之教，申之以孝悌之义"，知荣辱则知礼义，教化大行，为王道之成。

"狗彘食（饲）人食而不知检（检点），涂（途）有饿莩（殍，饿死者）而不知发（开粮济民）；人死，则曰：'非我（不是我的过错）也，岁（年岁灾荒）也。'是何异（有何不同）于刺人而杀之，曰：'非我也，兵（兵器）也。'王无罪（归罪）岁，斯（则）天下之民至焉。"

梁惠王曰："寡人愿安（谦词）承教。"孟子对曰："杀人以（用）梃（木棍）与刃（刀刃），有以异乎（有什么区别）？"

曰："无以异也。""以刃与政（暴政），有以异乎？"曰："无以异也。"

孟子文章好，一层一层深入，渐入核心。

曰:"庖(厨房)有肥肉,厩(马房)有肥马,民有饥色,野有饿莩,**此率兽而食人**(放兽吃人)**也。兽相食,且人恶**(讨厌)**之。为民父母行政,不免于率兽而食人。恶**(乌,何也)**在其为民父母也**?

"为民父母行政",昔县官称"父母官",要爱民如子;"不免于率兽而食人",怎称得上"民父母"?

自基本认识中国传统观念,一切皆自根上来。

"仲尼曰:'始作俑(偶人)**者,其无后乎!'为其象人而用之也。如之何其使斯民饥而死也?"**

知识分子要言己之所当言,为己之所当为,当仁不让。

"始作俑者",以俑代人殉葬;"其无后乎",将断子绝孙。因为其缺德。

"为其象人而用之",斥其有用人殉葬的观念,因其意念中即有杀人的心理。

原心定罪,首恶罪特重,儒家"仁"的思想,于此显示最高的境界。"杀一无辜而得天下,不为也",何况随便杀人?

天有好生之德,天德好生,人德尊生。仁者爱人,尊生;仁者无不爱也,无不尊也。由此引申:"杀一无辜而得天下,不为也。"

但有恶者必杀,有罪者人人得而诛之。姑息养奸,恶政也,恶德也。了解一问题,必自二端入手,舜"执其两端,用中于民"。

任何问题必有二端,即好坏、善恶、是非。舜"扣其两端",

扣，反问；"而竭焉"，竭尽心智；"用其中于民"，得其中道。

"攻乎异端，斯害也矣"，宋儒以"异端，非圣人之道，而别为一端……专治而欲精之，为害甚矣"，而攻击异端。

朱熹《论语集注》引程子曰："佛氏之言，比之杨墨，尤为近理，所以其害为尤甚。学者当如淫声美色以远之，不尔，则骎骎然入于其中矣。"又引范氏曰："异端，非圣人之道，而别为一端，如杨墨是也。其率天下至于无父无君，专治而欲精之，为害甚矣！"

端必有二，即是非、好坏、善恶。孔子"道并行而不悖，万物并育而不相害；小德川流，大德敦化，此天地之所以为大也"（《中庸》），"天下同归而殊涂，一致而百虑"（《易·系辞下传》），兼容并蓄，有容乃大。

4. 梁惠王曰："晋国，天下莫强焉，叟之所知也。及寡人之身，东败于齐，长子死焉；西丧地于秦七百里；南辱于楚。寡人耻之，愿比（bì，代）死者一洒（xǐ，雪耻）之，如之何则可？"

韩、赵、魏三家分晋。秦用商鞅变法，数破魏，魏割河西之地，迁都大梁，故又称"梁"。

孟子对曰："地方百里而可以王（王天下）。王如施仁政于民，省（减）刑罚，薄（轻）税敛，深耕易（治）耨（nòu，除草）。壮者以暇（闲暇）日修其孝悌忠信，入以事其父兄，出以事其长上，可使制梃（木棍）以挞（用力打）秦楚之坚甲利兵矣。

"修其孝悌忠信"，"孝悌也者，其为仁之本与"（《论语·学而》），

"忠信，所以进德也"（《易·乾·文言》），"入则孝，出则悌"（《弟子规》），"仁者无敌"。

中国思想为"仁"，"君子体仁，足以长人"（《易·乾·文言》），"仁者爱人"，"仁者，人也，亲亲为大"（《中庸》），"人人亲其亲，长其长，而天下平"（《孟子·离娄上》）。

"彼夺其民时，使不得耕耨以养其父母，父母冻饿，兄弟妻子离散。彼陷溺其民（虐待百姓）。

骂当时浑蛋之昏君。

"王往而征之，夫谁与王敌？故曰：'仁者无敌。'王请勿疑！"

"仁者无敌"，真行仁政就无敌。真是仁者，根本就没有敌人，焉用杀？

"王请勿疑"，请不要再疑惑，马上施行仁政。

有敌人，就非仁者，你侵害别人，别人就起来反对你，咎由自取。"仁者爱人"，没有爱心，是假的。仁，二人相偶，古曰"仁"，今曰"爱"。没有爱，就没有中国思想。

5. 孟子见梁襄王。出，语（yù）人曰："望之（自远看）不似人君，就之（接近）而不见所畏（敬畏）焉。

"望之不似人君，就之而不见所畏焉"，要有尊严，人必自尊而后人尊之，天爵自尊吾自贵。

"**卒然**（冒失，没头没脑）**问曰:'天下恶乎定?'**

"天下怎么定?"

吾对曰:"'定于一。'

虽无人君之德，但仍有人君之事，故仍答之。

"定于一"，一就能定，"天下之动，贞乎一者"（《易·系辞下传》）。

"一统"不同于"统一"，一统为"王道"，统一为"霸道"。

《春秋》讲"大一统"，"大"为赞词，"一统"，王者无外，王道，天下平。"统一"，霸道，乃平天下。

"'孰能一之?'对曰:'不嗜杀人者能一之。'

"谁能一天下?""不嗜杀人者能一天下。"不嗜杀人，仁也。

一天下，仁天下，不是用残暴、杀戮的手段。

大一统，大仁统，"仁者无敌"，"天下之动，贞乎仁"。

"'孰能与之?'对曰:'天下莫不与也。

"谁能参与?""天下莫不参与。"因为"仁者无敌"，所以襁负其子与之。

此孟子讲"师说"处，讲"一"与"与"之深义。

"'王知夫苗乎?七八月之间旱，则苗槁矣。天油然（兴盛貌）**作云，沛然**（雨盛貌）**下雨，则苗浡然**（骤起貌）**兴之矣。其如是，孰能御之?**

孟子以苗的道理做比喻，说明仁无能抵挡的力量。

"'今夫天下之人牧（领导者），**未有不嗜杀人者也，如有不嗜杀人者，则天下之民皆引领而望**（盼望之切）**之矣。诚如是**（真如此）**也，民归之，由**（犹）**水之就下，沛然谁能御之？'"**

不嗜杀人，则民无不归往。
做文章，在表达意见。孟子文章不错，但思想不若荀子深刻。

6. **齐宣王问曰："齐桓、晋文之事可得闻**（知）**乎？"**

"齐桓、晋文"，五霸之事。

孟子对曰："仲尼之徒无道桓、文之事者，是以后世无传焉。

吹牛不必纳税！孟子言王不言霸。
《春秋》"其事则齐桓、晋文"，借事明义。

"臣未之闻也。无以（已），**则王乎！"**

"若要我与你讲，那我就谈王天下之道好了！"孟子喜讲王道。

曰："德何如，则可以王矣？"

"德行当如何，而可以王天下？"

曰："保民而王，莫之能御也。"

"保民而王，则无敌于天下。"爱民、护民，则可以王天下。

曰："若寡人者，可以保民乎哉？"曰："可。"

人的习性，皆喜听好话、喜别人对他好，所以必想尽方法给人好处，"朋友先施之"（《中庸》），法施也是施，如切磋琢磨，彼此攻错。

"君子赠人以言"，法施也；"细人赠人以财"，财施也。（《荀子·大略》）昔"君子""小人"为相对之称，后称"细人"，乃"小人"之变。

曰："何由知吾可也？"

曰："臣闻之胡龁（hé）曰，王坐于堂上，有牵牛而过堂下者，王见之（牛），曰：'牛何之（往）？'对曰：'将以衅钟。'王曰：'舍之！吾不忍其觳觫（hú sù，恐惧战栗），若（然）无罪而就死地。'对曰：'然则废衅钟与？'曰：'何可废也？以羊易之！'不识有诸（有无此事）？"

"衅钟"，以前中国钟，以铁为多，铜做的少，质不密，有孔隙，故必用牛、羊之血把钟装满，使之慢慢渗透孔隙，愈满做出的钟敲出的声音愈好听。庙吃素，就钟不吃素。

曰："有之。"曰："是心足以王矣。百姓皆以王为爱也，臣固知王之不忍也。"

"以羊易之"，此不忍之心足以王。

孟子既欲出妻，又乱扯，心地不太好。

王曰："然！诚（真）有百姓者。齐国虽褊（狭）小，吾何爱一牛？即不忍其觳觫，若无罪而就死地，故以羊易之也。"

曰："王无异（怪）于百姓之以王为爱也。以小易大，彼恶（如何）知之？王若隐（怜）其无罪而就死地，则牛羊何择（有何分别）焉？"

百姓看是"以小易大"，是重牛不重羊。

王笑曰："是诚何心哉？我非爱其财。而易之以羊也，宜乎百姓之谓我爱也。"

曰："无伤也（没什么不好），是乃仁术也，见牛未见羊也。君子之于（对于）禽兽也，见其生，不忍见其死；闻其声，不忍食其肉。是以君子远庖厨也。"

"是乃仁术也，见牛未见羊"，完全违背"仁"的观念，这是孟子境界低的地方。

"见其生，不忍见其死；闻其声，不忍食其肉"，"仁术"岂是在乎见与未见、闻与未闻乎？何其无仁性也。一念之差！

不见、不闻，照吃其肉，应下地狱。故有"君子远庖厨"之论，造成后世多少伪君子。

"伪仁"应只是初步。自孔子讲"仁"，到孟子讲"仁术"，天下引起无尽的杀机，此一错误，造成今天"眼不见为净"，以看不见为仁术。

许多言论，造成后来多少的漏洞，留下多少弊政！

见与不见、闻与不闻，和所谓"杀一无辜而得天下，不为也"

相差有多远？言论前后有毛病。

王说（悦），曰："《诗》（《小雅·巧言》）云：'他人有心，予忖度之。'夫子之谓也。夫我乃行之，反而求之，不得吾心。夫子言之，于我心有戚戚（心动）焉。此心之所以合于王者，何也？"

齐宣王有了自信心，进一步问"不忍之心"何以合于王道？

"夫子"，在旧书中非专指老师。《孟子》中尊有身份、地位者为"夫子"。

曰："有复于王者曰：'吾力足以举百钧（三十斤为一钧）'，而不足以举一羽；'明足以察秋毫（毫毛）之末'，而不见舆薪（柴），则王许之乎？"曰："否。"

"明足以察秋毫之末，而不见舆薪"，此为设辞。

"今恩足以及禽兽，而功不至于百姓者，独何与？然则一羽之不举，为不用力焉；舆薪之不见，为不用明焉；百姓之不见保，为不用恩焉。故王之不王，不为也，非不能也。"

"恩及禽兽，功不至百姓"，是"不为也，非不能也"，可以做到但不做，并不是不能。

你们不也是如此？每天无所事事，让日子空过，什么事也没做成。

曰："不为者与不能者之形，何以异？"

曰："挟太山以超北海，语人曰'我不能'，是诚（真）不能也。为长者折枝，语人曰'我不能'，是不为也，非不能也。故王之不王，非挟太山以超北海之类也。王之不王，是折枝之类也。

"为长者折枝"之类，乃是举手之劳，"是不为也，非不能也"。

"老（孝）吾老，以及人之老；幼（慈）吾幼，以及人之幼。天下可运于掌（喻其易也）。

此乱制下的思想，有"施与"的精神。

"老吾老，幼吾幼"，是最基本的德行。"老吾老"，孝自亲始，亲亲；"幼吾幼"，慈爱子女。"行有余力"，将之推至别人，以及人之老、之幼，"孝慈则忠"（《论语·为政》）。

"天下可运于掌"，"运"，运于手掌心，引申为容易、方便、清楚。

运孝慈，其中含多少爱？此孟子谈政的境界，以孝慈治天下。

孔子安老怀少，"不独亲其亲，不独子其子"，国家有亲亲、子子的地方，大家都同等待遇，心理上无自卑感，没有受别人施与的可怜心。"老有所终"，不必看人的脸色，是大同思想。

《诗》（《大雅·思齐》）云：'刑（型）于寡妻，至于兄弟，以御（治）于家邦。'言举斯心加诸（之于）彼而已。

以前，女人不通外事，少闻少见。而男人在外，见得多、吃得多，应摆出个型来，做典型、模范，使太太"见贤思齐"，故曰"型于寡妻"。

男人能型服了太太，可以治大夫之家、诸侯之国，"至于兄弟，以御于家邦"，此《大学》"齐家治国"。所以，我常说："一个男人能叫太太佩服了，才可以当政治家。"

一个男人若无定力，就完了！今天男人太秀了，男不男、女不女，就不像男人。

原始民族皆母系社会，只知有母不知有父，为"阴阳"时代。到《周易》说"天尊地卑，乾坤定矣"，"坤乾"变"乾坤"，母系社会走入父系社会。

"故推恩足以保四海，不推恩无以保妻子。古之人所以大过人者无他焉，善推其所为而已矣。

"推恩"："推"，手用力，使物往前移动；引申：推行，推动，推销，推陈出新。"恩"，因心，恩惠、加恩、恩爱、恩宠。

"推恩足以保四海"，"举斯心加诸彼"，推广善心，普福利，广美利。"四海困穷，天禄永终"（《论语·尧曰》）。

"今恩（推恩）足以及禽兽，而功不至于百姓者，独何与？

这是大男人主义，完全自私，不负责任。中外政治人物皆如此。

"推恩足以及禽兽，而功不至于百姓"，如今之动物保护，人死了还不如动物。

"权，然后知轻重；度，然后知长短。物皆然，心为甚。王请度之！抑王兴甲兵，危士臣，构怨于诸侯，然后快于心与？"

"权"，衡轻重，"知轻重"，知所以用理也，其境界高于经，"可与适道，……未可与权"（《论语·子罕》）。"度"，计长短，法度，尺度，"知长短"。

"物皆然，心为甚"，"心"，即权、即度。心度，心之为用，修心为要。

一个人无权之智，妄论轻重；无度之智，妄议长短，乃无自知之明也。人必要培养正知正见，有了真知灼见，然后才能论轻重、议长短。

"物皆然，心为甚"，人心最坏，"人心惟危，道心惟微"（《尚书·大禹谟》），此极发人深省。许多人把自己看得像"圣人"，最后成为"剩人"！

王曰："否。吾何快于是？将以求吾所大欲也。"

曰："王之所大欲可得闻与？"王笑而不言。

曰："为肥甘不足于口与？轻暖不足于体与？抑为采色不足视于目与？声音不足听于耳与？便嬖（便佞宠信之臣）不足使令于前与？王之诸臣皆足以供之，而王岂为是哉？"

曰："否。吾不为是也。"

曰："然则王之所大欲可知已。欲辟（辟）土地，朝秦楚（使秦楚来朝），莅（临也）中国而抚（安抚）四夷也。以若（如此）所为，求若所欲，犹缘木而求鱼也。"

王曰："若是其甚与（有如此困难）？"

曰："殆有（又）甚焉。缘木求鱼，虽不得鱼，无后灾。以若所为，求若所欲，尽心力而为之，后必有灾。"

"缘木求鱼，虽不得鱼，无后灾"，如光有欲，没有准备，后必有灾。

曰："可得闻与？"曰："邹人与楚人战，则王以为孰胜？"曰："楚人胜。"

曰："然则小固不可以敌大，寡固不可以敌众，弱固不可以敌强。海内之地方千里者九，齐集有其一。以一服八，何以异于邹敌楚哉？盖（盍，何不）亦（语助词）反其本矣。今王发政施仁，使天下仕者皆欲立于王之朝，耕者皆欲耕于王之野，商（行商）贾（坐贾）皆欲藏于王之市，行旅皆欲出于王之涂（途），天下之欲疾（恨）其君者，皆欲赴（往）愬（告）于王。其若是，孰能御之？"

王曰："吾惛（昏），不能进于是矣。愿夫子辅吾志，明以教我。我虽不敏，请尝试之。"

"辅"，车旁横木，所以助行。辅相，辅佐，相辅相成。

曰："无恒（久）产而有恒心者，惟士为能。若民，则无恒产，因无恒心。苟无恒心，放辟邪侈（放荡淫逸），无不为已（无所不为）。及陷于罪，然后从而刑之，是罔（网）民也。焉有仁人在位，罔民而可为也？

士，尚志，其境界并不难，非最高的。

"恒产"，不动产，财力足；"恒心"，"其心三月不违仁"（《论语·雍也》），有恒德。先树立经济力量，达到"饮食宴乐"，有恒产能有恒心。

"放辟邪侈，无不为已"，因为没有恒产、恒心，生活成问题，什么事都做得出来，放辟邪侈，无所不为。

"罔民"，陷民入于罪。

"**是故明君**（英明之主）**制民之产，必使仰**（对上）**足以事父母，俯**（对下）**足以畜妻子，乐岁**（丰年）**终身饱，凶年免于死亡**（因有基础）。**然后驱而之善**（使之学善，富而后教），**故民之从之也轻**（易于做到）。

"制民之产"，限制人民的产业。所谓"节制资本，平均地权"由此来，"均"的观念，"不患寡而患不均"，"均无贫，和无寡，安无倾"（《论语·季氏》）。

古时对经济问题已了解清楚，但当政者有私心，难以付诸实行。好的政策和学说固然重要，但实行最为重要。

"仰足以事父母，俯足以畜妻子。乐岁终身饱，凶年免于死亡"，有储蓄，可以有余补不足，免于饥饿、匮乏之虞，《管子》所谓"仓廪实知礼节，衣食足知荣辱"。此自"制民之产"来，也是标准。

"**今也制民之产，仰不足以事父母，俯不足以畜妻子，乐岁终身苦，凶年不免于死亡。此惟救死而恐不赡**（足），**奚暇**（空闲）**治礼义哉？**

"惟救死而恐不赡，奚暇治礼义哉"，老百姓每天为生活劳累，谋生都来不及，哪有空闲治礼义？

孔子谓冉子曰："治民者，先富之而后加教。"（《春秋繁露·仁义法》）

"王欲行之，则盍（何不）反（返）其本矣？

"返本"，自根本做起：制民之产。

"五亩之宅，树之以桑，五十者可以衣帛矣；鸡豚狗彘之畜，无失其时，七十者可以食肉矣；百亩之田，勿夺其时，八口之家可以无饥矣；谨庠序之教，申之以孝悌之义，颁白者不负戴于道路矣。老者衣帛食肉，黎民不饥不寒，然而不王者，未之有也。"

此孟子"制民之产"的办法，也是实行王道的入手。

7. 庄暴（齐臣子）见孟子，曰："暴见于王（齐宣王），王语（告）暴以好乐，暴未有以对也。"曰："好乐何如？"

孟子曰："王之好乐甚，则齐国其庶几（相近）乎！"

他日，见于王曰："王尝语庄子以好乐，有诸（这回事）？"

王变乎色（有惭色），曰："寡人非能好先王之乐也，直（但）好世俗之乐耳。"

曰："王之好乐甚，则齐其庶几（差不多）乎！今之乐犹古之乐也。"

今乐、古乐，没有两样。

曰："可得闻与？"

曰："独乐乐，与人乐乐，孰乐？"曰："不若与人。"

曰："与少乐乐，与众乐乐，孰乐？"曰："不若与众。"

此孟子谈独。"独乐乐，不如与众乐"。

"臣请为王言乐：今王鼓乐于此，百姓闻王钟鼓之声，管
龠（箫笛）之音，举（皆）疾首蹙頞（头痛而皱眉）而相告曰：'吾
王之好鼓乐，夫何使我至于此极也？父子不相见，兄弟妻子
离散。'

"今王田猎于此，百姓闻王车马之音，见羽旄之美，举疾
首蹙頞而相告曰：'吾王之好田猎，夫何使我至于此极也？父
子不相见，兄弟妻子离散。'此无他，不与民同乐也。

"乐，和也"，"成于乐"。政之道与音乐之道相通。

"今王鼓乐于此，百姓闻王钟鼓之声，管龠之音，举欣欣
然（喜悦貌）有喜色而相告曰：'吾王庶几无疾病与？何以能鼓
乐也？'今王田猎于此，百姓闻王车马之音，见羽旄之美，
举欣欣然有喜色而相告曰'吾王庶几无疾病与？何以能田猎
也？'此无他，与民同乐也。今王与百姓同乐，则王矣。"

与民同乐，君民同乐，可以王天下。

8. 齐宣王问曰："文王之囿（养禽兽之园）方（纵横）七十里，
有诸？"孟子对曰："于传（典籍文献）有之。"

曰："若是其大乎？"曰："民犹以为小也。"

曰："寡人之囿方四十里，民犹以为大，何也？"曰："文
王之囿方七十里，刍荛者（牧与樵）往焉，雉兔者（猎人）往焉，

与民同之。民以为小，不亦宜乎？

民众可以自由出入，取其禽兽，刈其刍薪，民以为囿小，是其宜也。

"臣始至于境，问国之大禁（入境问禁），然后敢入。臣闻郊关之内有囿方四十里，杀其麋鹿者如杀人之罪。则是方四十里，为阱于国中。民以为大，不亦宜乎？"

"为阱于国中"，设陷阱于国中，人人易入于罪，民苦其囿大，不亦宜乎？

9. 齐宣王问曰："交邻国有道乎？"

孟子对曰："有。惟仁者为能以大事小，是故汤事葛（小国），文王事昆夷（夷狄之国）；惟智者为能以小事大，故大王事獯鬻（北戎大国），句践事吴。

"惟仁者为能以大事小"，仁者安仁，"安仁者，天下一人"（《礼记·表记》），有此襟怀，当然"能以大事小"。

"惟智者为能以小事大"，智者利仁，利而行之，不使不仁者加乎己身，当然"能以小事大"。

"以大事小者，乐天者也；以小事大者，畏天者也。乐天者保天下，畏天者保其（己）国。《诗》（《周颂·我将》）云：'畏天之威，于时保之。'"

"以大事小"，不以大欺小，故"乐天者保天下"。

梁惠王下

"以小事大"，小心谨慎，故"畏天者保己国"。

《易·谦》云："天道亏盈而益谦，地道变盈而流谦，鬼神害盈而福谦，人道恶盈而好谦。谦尊而光，卑而不可逾，君子之终也。"满招损，谦受益，"损益盈虚，与时偕行"（《易·损》）。

王曰："大哉言矣！寡人有疾，寡人好勇。"

对曰："王请无好小勇。夫抚剑（按剑）疾视（怒视）曰，'彼恶敢（安敢）当我哉'！此匹夫之勇，敌一人者也。王请大之！

"小勇"，"匹夫之勇，敌一人者也"，逞能好勇，"暴虎冯河，死而无悔者，吾不与也。必也临事而惧，好谋而成者也"（《论语·述而》）。

《诗》（《大雅·皇矣》）云：'王赫（怒状）斯（语词）怒，爰（于是）整（整顿）其旅（军队），以遏（阻止）徂（往）莒（旅），以笃（增）周祜（福），以对（扬）于天下。'此文王之勇也。文王一怒而安天下之民。

"一怒而安天下之民"，智者无喜怒，为天下怒，在安天下之民。

"文王"，文德之王，"修文德以来之"，仁者无敌，焉用杀？

《书》曰：'天降下民，作之君，作之师。惟曰其助上帝，宠之四方。有罪无罪，惟我在，天下曷敢有越厥志？'一人衡（横）行于天下，武王耻之。此武王之勇也。而武王亦一怒而安天下之民。今王亦一怒而安天下之民，民惟恐王之不好勇也。"

"作之君，作之师。惟曰其助上帝"，配天，"天地君亲师"。

"好勇"，勇者不惧，见义勇为，"见义不为，无勇也"（《论语·为政》）。

10. 齐宣王见孟子于雪宫（齐之离宫）。王曰："贤者亦有此乐乎？"

笨人，皆显己是聪明的。

孟子对曰："有。人（人有）不得，则非（诽，非议）其上矣。不得而非其上者，非也；为民上，而不与民同乐者，亦非也。乐民之乐者，民亦乐其乐；忧民之忧者，民亦忧其忧。乐以天下，忧以天下，然而不王者，未之有也。

孟子强辩，也辩出道理来。

"乐以天下，忧以天下"，不为己私，上下同乐、同忧，上下一体，同心。天下归心，如何不王？

此与"好民之所好，恶民之所恶，此之谓民之父母"（《礼记·大学》），义同。

"昔者齐景公问于晏子（晏婴，字平仲）曰：'吾欲观于转附、朝儛（齐东北近海两座山），遵（循）海而南，放（至）于琅邪（位于齐东南）。吾何修（修为）而可以比于先王观（游观）也？'

"晏子对曰：'善哉问也！天子适诸侯曰巡狩，巡狩者巡所守也；诸侯朝于天子曰述职，述职者述所职也。无非事者。春省耕而补不足，秋省敛而助不给（jǐ，足也）。夏谚曰："吾王不

游，吾何以休？吾王不豫，吾何以助？一游一豫，为诸侯度（模范）。"今也不然：师行而粮食，饥者弗食，劳者弗息。睊睊（juàn，侧目而视）胥谗（互相毁谤），民乃作慝（隐匿饰非）。方（违背）命虐民，饮食若流（无穷竭）。流连荒亡，为诸侯忧。从流下而忘反（返）谓之流，从流上而忘反谓之连，从兽无厌（足）谓之荒，乐酒无厌谓之亡。先王无流连之乐，荒亡之行。惟君所行也。'

"惟君所行也"，晏子不欲景公有无益于民之行。

"景公说（悦），大戒于国（告诫全国），出舍（住宿）于郊。于是始兴（举）发（开）补不足。召大师（乐师）曰：'为我作君臣相说（悦）之乐！'盖《徵（zhǐ）招（韶）》《角（jué）招》是也。其诗曰：'畜君何尤（过）？'畜君者，好君也。"

"畜君何尤"，阻止国君之私欲，何过之有？

11. 齐宣王问曰："人皆谓我毁明堂。毁诸？已乎？"

"明堂"，周天子之堂，一曰在鲁境，一曰泰山下，本周天子东巡狩、朝诸侯处。

孟子对曰："夫明堂者，王者之堂也。王欲行王政，则勿毁之矣。"

王曰："王政可得闻与？"

对曰："昔者文王之治岐（岐山）也，耕者九一（九分之一，井田制），仕者世禄，关市讥（稽查）而不征（征税），泽梁（堰水捕鱼场所）无禁（任由人民养鱼、捕鱼），罪人不孥（nú，妻小）。老而无妻曰鳏（guān），老而无夫曰寡，老而无子曰独，幼而无父曰孤。此四者，天下之穷（没有职业）民而无告（无处诉说）者。文王发政施仁，必先斯四者。《诗》（《小雅·正月》）云：'哿（可）矣富人（富人犹可），哀此茕独（哀此鳏寡孤独）。'"

"茕独"，"哀此鳏寡孤独者"，施行仁政，必自这些"无告者"，社会的弱势族群入手。

王曰："善哉言乎！"曰："王如善之，则何为不行？"

王曰："寡人有疾，寡人好货。"

对曰："昔者公刘（周人祖先）好货（货财），《诗》（《大雅·公刘》）云：'乃（发语词）积乃仓，乃裹糇粮（干粮），于橐（袋）于囊。思（语词）戢（集）用光（光大）。弓矢斯张，干戈戚（斧）扬（钺），爰（于）方（四方）启行（起程）。'故居者有积仓，行者有裹粮也，然后可以爰方启行。王如好货，与百姓同之，于王何有（何难之有）？"

王曰："寡人有疾，寡人好色。"

对曰："昔者大王（太王，公刘之孙，文王之祖）好色，爱厥妃（专爱太姜一人）。《诗》（《大雅·绵》）云：'古公亶父（太王名号），来朝（翌晨）走马（跃马疾马），率西水浒（水边之地），至于岐下。爰及（乃与）姜女，聿（自）来胥（相，看）宇（房宅）。'当是时也，内无怨女（无夫之女），外无旷夫（无妇之夫）。王如好色，与百姓同之，于王何有？"

"内无怨女，外无旷夫"，就没有娼妓，没有社会问题，因为人人都有归宿，此王道也。

"推己及人"，王好货、好色，"与百姓同之"，何难之有？

12. 孟子谓齐宣王曰："王之臣，有托其妻子于其友，而之（往）楚游者。比（及）其反（返）也，则冻馁（饿）其妻子，则如之何？"王曰："弃之（与之绝交）。"

朋友可以"托妻寄子"，有信义，能善尽照顾之责。"可以托六尺之孤……君子人也"（《论语·泰伯》）。

曰："士师（狱官）不能治士（狱），则如之何？"王曰："已之（罢免他）。"

曰："四境之内不治，则如之何？"王顾左右而言他。

一层一层追究责任。

谈及自己责任之所在，王则顾左右而言他事。

13. 孟子见齐宣王曰："所谓故国者，非谓有乔木之谓也，有世臣之谓也。王无亲臣矣，昔者所进（进用），今日不知其亡（不存在）也。"

"乔木"，孔林之美，美在乔木，千年以上的树木真不少！

"世臣"，国之老臣，才德兼备，累世功勋，与国同休戚。

今天是民主时代，每人皆国之世臣，与国家利害与共，故曰"国家兴亡，匹夫有责"。

王曰："吾何以识其不才而舍之？"

曰："国君进（进用）贤，如不得已（欲特加拔擢），将使卑逾尊（越次躐等），疏逾戚，可不慎与？左右皆曰贤，未可也；诸大夫皆曰贤，未可也；国人皆曰贤，然后察之；见贤焉，然后用之。

进用贤才，必留心考察，郑重其事。

"左右皆曰不可，勿听；诸大夫皆曰不可，勿听；国人皆曰不可，然后察之；见不可焉，然后去之。左右皆曰可杀，勿听；诸大夫皆曰可杀，勿听；国人皆曰可杀，然后察之；见可杀焉，然后杀之。故曰，国人杀之也。如此，然后可以为民父母。"

"国人皆曰可杀，然后察之；见可杀焉，然后杀之"，"国人"，一国之人，兼听、审察。

"国人杀之"，人人皆曰可杀。慎于退人，知人则哲。

14. 齐宣王问曰："汤放桀，武王伐纣，有诸？"

"汤放桀，武王伐纣"，汤为桀的臣，武王为纣的臣，有君臣关系。

自此，可见中国的"革命观"，荀子称"上下易位，然后贞"（《荀子·臣道》）。

孟子对曰："于传有之。"

"于传有之"，古书上有记载。

曰："臣弑其君可乎？"

"臣弑其君"，"弑"，以下杀上。

齐宣王是小康思想，强调君位。

曰："贼仁者谓之贼（伤害），贼义者谓之残，残贼之人谓之一夫。闻诛一夫纣矣，未闻弑君也。"

"闻诛一夫纣矣，未闻弑君也"，此"师说"所在，真正的孔学，因孟子是子思门人弟子。

今文家以"君，群也"，"王，往也"，能领导群众的为"君"，群之首；天下所归往的曰"王"，君德；没达此标准的，皆"一夫"。

"贼仁者谓之贼，贼义者谓之残，残贼之人谓之一夫"，恶德系于一身，叫作"一夫"，一小子、独夫，无君德，害仁害义，众叛亲离，"贵而无位，高而无民，贤人在下位而无辅，是以动而有悔也"（《易·乾·文言》）。

独，《说文》云："犬相得而斗也。羊为群，犬为独也。"段玉裁释："好斗，独而不群。"

独，可好可坏，独到、独特、独树一帜，"儒有特立而独行"（《礼记·儒行》），"故君子必慎其独也"（《中庸》）。"慎独"，最重要的一步功夫，否则成独夫、独裁。

中国字，有本义、有引申义，不可以乱改。

15. 孟子见齐宣王曰："为巨室（大的宫室），则必使工师求大木。工师得大木，则王喜，以为能胜其任也。匠人斲（zhuó，同"斫"）而小之（加上功夫），则王怒（怕被碰了），以为不胜其任矣。夫人幼而学之（学道），壮而欲行之（行道）。王曰'姑（暂）

舍女（汝）所学而从我'，则何如？

一般当政者，以为官大学问大，上自天文下至地理，皆无所不知，事事要指导，要人"舍所学而从我"。

"今有璞玉（包在石中，尚未雕琢之玉）于此，虽万镒（yì，一镒二十两，一说二十四两），必使玉人雕琢之。至于治国家，则曰'姑舍女所学而从我'，则何以异于教玉人雕琢玉哉？"

玉，石之细者，大玉石即"璞玉"，要一层层地凿，玉石愈里头愈宝。"雕琢"，"玉不琢，不成器"，必精雕细琢。

应是尊重知识，尊重专家，知识、科学是客观规律。

16. 齐人伐燕，胜之。宣王问曰："或谓寡人勿取，或谓寡人取之。以万乘之国，伐万乘之国，五旬（一旬十日）而举之，人力不至于此。不取，必有天殃（天降灾祸）。取之，何如？"

孟子对曰："取之而燕民悦，则取之，古之人有行之者，武王是也；取之而燕民不悦，则勿取，古之人有行之者，文王是也。以万乘之国，伐万乘之国，箪（竹器）食（饭）壶浆，以迎王师。岂有他哉？避水火（喻灾祸）也。如水益深，如火益热，亦运而已矣。"

"如水益深，如火益热"，喻灾难深重。

"运"，运转、运动、运行，日月运行，有其序。运笔，运筹。"礼运"，以礼运天下，由小康渐至大同。"秉大至之要道，行礼运之至德"。

17. 齐人伐燕，取（占领）之。诸侯将谋救燕。宣王曰："诸侯多谋伐寡人者，何以待之？"

孟子对曰："臣闻七十里为政于天下者，汤是也。未闻以千里畏人者也。

"千里畏人"，指齐王。

《书》曰：'汤一征，自葛（小国）始。'天下信之（信汤是仁君）。东面而征，西夷怨；南面而征，北狄怨。曰：'奚（何）为后（置我于后）我？'民望之，若大旱之望云霓（形容期盼之殷）也。归（回）市者不止，耕者不变（社会正常运作）。诛其君而吊（慰问）其民，若时雨（及时雨）降，民大悦。《书》曰：'徯（等待）我后（国君），后来其苏（死而复醒）。'

"若时雨降"，任事必需若"时雨降"，才真得民心，百姓完全愿意接受。

"智必识时"，不识时，不能为智者；"行若时雨"，圣人不能生时，时至而不失之。不识时，所行过与不及，百姓皆感不必要。

"今燕虐其民，王往而征之。民以为将拯己于水火之中也，箪食壶浆，以迎王师。

"将拯己于水火之中也，箪食壶浆，以迎王师"，圣人贵除天下之患，救民于水火。这是民族精神之所在。

"若杀其父兄（掠夺战争，杀人盈城），系累（捆缚）其子弟，毁其宗庙，迁（搬）其重器（宝器），如之何其可也？天下固畏齐之强也，今又倍（并吞）地而不行仁政，是动（挑动）天下之兵也。王速出令，反（还）其旄倪（老幼），止其重器，谋于燕众，置君（立君）而后去之，则犹可及止也。"

及时遏止诸侯救燕、伐齐的危机。

18. 邹与鲁哄（争吵，内讧）。穆公（邹穆公）问曰："吾有司（司其事者）死者三十三人，而民莫之死（不肯赴难）也。诛之，则不可胜诛；不诛，则疾视（恨）其长上之死而不救，如之何则可也？"

孟子对曰："凶年饥岁，君之民，老弱转乎沟壑（饥饿辗转而死），壮者散（离）而之（往）四方者，几千人矣；而君之仓廪（储粟）实，府库（贮类）充，有司莫以告，是上慢（怠慢，不关心人民）而残（伤害）下也。

"上慢而残下"，上慢君命，下残民命。

"曾子曰：'戒之戒之！出乎尔者，反乎尔者也。'夫民今而后得反之也。君无尤（过）焉。

"出乎尔者，反乎尔者"，出尔反尔，你怎么对待别人，别人就怎么对待你，自食其报。

"君行仁政，斯民亲其上、死其长矣。"

君民关系，是相对的。

"爱人者，人恒爱之；敬人者，人恒敬之"（《孟子·离娄下》），相互对待，彼此尊重。

19. 滕文公问曰："滕，小国也，间（夹于其中）于齐楚。事齐乎？事楚乎？"

滕处于齐、楚两大国之间，两大之间难为小，此两难之局，何去何从？

孟子对曰："是谋，非吾所能及也。无已（实在没办法），则有一焉：凿斯池（挖护城河）也，筑斯城（筑高城墙）也，与民守之，效（致）死而民弗（不）去，则是可为也。"

此段观念极为重要。就历史观之：值国家危难之际，誓死不离国都，有共存亡的决心，则国恒不亡。

京城，太庙之所在，不能受惊，老是迁都，则民不能效死。必誓死不去，与国都共存亡。

20. 滕文公问曰："齐人将筑薛（薛国为齐所灭，又在此筑城），吾甚恐。如之何则可？"

孟子对曰："昔者大王居邠（bīn，古同"豳"。北狄），狄人侵之，去之（往）岐山之下居焉。非择而取之，不得已也。

戎狄时而侵扰，欲得土地、人民，太王曰："有民立君，将以利之。今戎狄所为攻战，以吾地与民。民之在我，与其在彼，何异？民欲以我故战，杀人父子而君之，予不忍为。"（《史记·周本纪》）去豳，豳人扶老携幼，随太公迁居于岐山之下周原。

"苟（真）为善，后世子孙必有王者矣。

"苟为善，后世子孙必有王者"，"积善之家，必有余庆"，垂裕后昆，此为子孙计。

"君子创业垂统，为可继也。若夫成功，则天也。君如彼何哉？强（强）为善而已矣。"

"创业垂统"，君子造其业于前，而垂统绪于后，绪成。

"强为善"，自勉为善，"强恕而行，求仁莫近焉"（《孟子·尽心上》）。

21. 滕文公问曰："滕，小国也。竭力以事大国，则不得免焉。如之何则可？"

孟子对曰："昔者大王居邠，狄人侵之。事之以皮币，不得免焉；事之以犬马，不得免焉；事之以珠玉，不得免焉。

儿皇帝难为，对方予取予求，得寸进尺。

"乃属（嘱）其耆老（长老）而告之曰：'狄人之所欲者，吾土地也。吾闻（知）之也：君子不以其所以养人者害人。二三子何患乎无君？我将去之。'

"君子"，在位者。立君所以为民，政权的存在是为养人，"惟以一人养天下"。

"不以其所以养人者害人"，"不以天下奉一人"，况为政权争夺而残害人！

"去邠，逾梁山，邑于岐山之下居焉。邠人曰：'仁人也，不可失也。'从之者如归市。或曰：'世守也，非身之所能为也。效死勿去。'君请择于斯二者。"

"去邠"，我有"咏幽轩"字，康有为墨宝。

"效死勿去"，国土为世传之基业，不可任由己意弃之。

22. **鲁平公将出。嬖人**（君左右极宠幸之小人）**臧仓者请曰**（请问鲁平公）：**"他日君出，则必命有司所之**（所前往处）。**今乘舆已驾矣，有司未知所之**（往）。**敢请。"**

公曰："将见孟子。"曰："何哉？君所为轻身以先于匹夫者，以为贤乎？礼义由贤者出。而孟子之后丧逾前丧（丧父礼约，丧母礼丰）。**君无见焉！"公曰："诺。"**

乐正子入见，曰："君奚为不见孟轲也？"曰："或告寡人曰，'孟子之后丧逾前丧'，是以不往见也。"

曰："何哉？君所谓逾者，前以士，后以大夫；前以三鼎，而后以五鼎与？"曰："否。谓棺椁衣衾之美也。"

曰："非所谓逾也，贫富不同也。"

说孟子"后丧逾前丧"，乃因前后官职不同，故丧礼各异，是贫富的关系。

乐正子见孟子，曰："克告于君，君为来见也。嬖人有臧仓者沮（阻往）**君，君是以不果来也。"**

曰："行或使之，止或尼（阻）**之。行止，非人所能也。吾之不遇鲁侯，天也。臧氏之子焉能使予不遇哉！"**

1. 公孙丑（孟子弟子）问曰：“夫子当路（居要位）于齐，管仲、晏子之功，可复许（进）乎？”

问管仲、晏子之故事。

孟子曰：“子（称人之词）诚（真）齐人也，知管仲、晏子而已矣。或问乎曾西曰：‘吾子与子路孰贤？’曾西（曾子孙子）蹴然（不安貌）曰：‘吾先子之所畏（敬）也。’曰：‘然则吾子与管仲孰贤？’曾西艴然（勃然，忿怒变色）不悦曰：‘尔何曾（乃）比予于管仲！管仲得君，如彼其专也；行乎国政，如彼其久也；功烈，如彼其卑也。尔何曾比予于是！’”曰：“管仲，曾西之所不为也，而子为（谓）我愿之乎？”

孟子言王不言霸，表示自己不屑管仲、晏子之霸业。

曰："管仲以其君霸，晏子以其君显。管仲、晏子犹不足为与？"曰："以齐王，由反手（反掌，喻易）也。"

"管仲以其君霸"，管仲使桓公成就霸业，"九合诸侯，一匡天下"，孔子称"管仲之力也，如其仁，如其仁"（《论语·宪问》），许为管仲之仁，乃其仁，乃其仁！

"晏子以其君显"，晏子遇上三个昏君，却使其君显。

这两个人都有实政经验，值得重视。《管子》《晏子春秋》都要看。

曰："若是，则弟子之惑滋（增）甚！且以文王之德，百年而后崩，犹未洽（遍）于天下；武王、周公继（绪成）之，然后大行。今言王若易然（语尾词），则文王不足法与？"

文王"三分天下有其一"；武王克商，乃有天下；周公相成王，继往开来，制礼作乐，以礼治世，可化及禽兽。

曰："文王何可当也？由汤至于武丁，贤圣之君六七作，天下归殷久矣！久则难变也。武丁朝诸侯，有天下，犹运之掌也。

"久则难变也"，百足之虫，死而不僵。

"纣之去武丁未久也，其故家（旧臣之家）遗俗，流风善政，犹有存者；又有微子、微仲、王子比干、箕子、胶鬲，皆贤人也，相与辅相之，故久而后失之也。尺地莫非其有也，一民莫非其臣也，然而文王犹（由）方百里起，是以难也。

历代之亡，乃时势所至，非人力所能挽。

时势造英雄，孙中山革命，乃懂乘势也；英雄造时势，可是不易，洪秀全即是，不识时。

"齐人有言曰：'虽有智慧，不如乘势；虽有镃基（种田器具），不如待时（待农时）。'今时则易然也。

"虽有智慧，不如乘势"，时势为要，势来才能乘势。识时，乘时，"时乘六龙以御天"（《易·乾·彖》）。

"虽有镃基，不如待时"，备好工具，以待时至。孟子是"待时"者，孔子是"圣时"者。

时势所至，英雄所见略同，乃成了，因为水到渠成，不需费劲。

二十四节气极重要，不待时，物不长，就是叶茂也不结果。因高易上马，做事居高临下易有效率。

"夏后、殷、周之盛，地未有过千里者也，而齐有其地矣；鸡鸣狗吠相闻，而达乎四境，而齐有其民矣。地不改辟（辟）矣，民不改聚矣，行仁政而王，莫之能御也。

孟子以齐有"行仁而王"的条件。

"且王者之不作，未有疏于此时者也；民之憔悴于虐政，未有甚于此时者也。饥者易为食，渴者易为饮。孔子曰：'德之流行，速于置邮（驿）而传命。'

"饥者易为食，渴者易为饮"，时势所至，又有凭借，则事半功倍。

以前，各地设有驿站，以传达政令，供食宿、马匹。换马不换人，直送到目的地。

"德之流行，速于置邮而传命"，其快速，犹如驿马之传递命令。

"当今之时，万乘之国行仁政，民之悦之，犹解倒悬也。故事半古之人，功必倍之，惟此时为然。"

"犹如解倒悬"，解救受苦难者。

"事半古之人，功必倍之"，可收事半功倍之效。

"惟此时为然"，今天行之易！

2. 公孙丑问曰："夫子加（居）齐之卿相，得行道焉，虽由此霸王不异矣。如此，则动心否乎？"孟子曰："否。我四十不动心。"

"行道"，立身行道，扬名于后世。

"四十不动心"，"四十不惑"，不惑于欲。

曰："若是，则夫子过孟贲（古之勇士，卫人）远矣。"曰："是不难，告子先我不动心。"

曰："不动心有道（方法）乎？"曰："有。北宫黝（yǒu，齐国人）之养勇也，不肤挠（身体不缩作一团），不目逃（目光不逃避），思（语词）以一豪挫（辱）于人，若挞（tà，鞭打）之于市朝（引以为奇耻大辱）。不受（受辱）于褐宽博（布衣），亦不受于万乘之君（大诸侯）；视刺万乘之君，若刺褐夫（贱夫）。无严（畏敬）诸侯；恶声（叱骂声）至，必反（回报）之。

此北宫黝之养勇。

"孟施舍之所养勇也，曰：'视不胜，犹胜也。量敌而后进，虑胜而后会，是畏三军者也。舍岂能为必胜哉？能无惧而已矣！'

孟施舍之养勇，"量敌而后进，虑胜而后会"，先自量力，虑深通敏。"能无惧"，因为有万全的把握。

"孟施舍似曾子（曾参），北宫黝似子夏。夫二子之勇，未知其孰（谁）贤？然而孟施舍守约（简要）也。

"昔者曾子谓子襄（晋大夫，赵无恤）曰：'子好勇乎？吾尝闻大勇于夫子矣：自反（反省）而不缩（直），虽褐宽博，吾不惴（惧）焉；自反而缩，虽千万人，吾往矣！'

大勇："自反而直，虽千万人，吾往矣"！因配义与道。

养心，养性，无养不长。"继天奉元，养成万物"（何休注《春秋公羊传》）。

"孟施舍之守气，又不如曾子之守约也。"

"守约"，以礼约身，"以约失之者，鲜矣"（《论语·里仁》）。

曾子是忌惮之士，"吾日三省吾身"（《论语·学而》），战战兢兢，如临深渊，如履薄冰。

曰："敢（请）问夫子之不动心，与告子之不动心，可得闻（知道理之所在）与？"

"告子曰：'不得于言，勿求于心；不得于心，勿求于气。'不得于心，勿求于气，可；不得于言，勿求于心，不可。

"不得于言，勿求于心，不可"，载之于言，修心之道。不懂而修心，办不到。

儒家乃"学而知之"者。《大学》"诚意正心"，虽未得修身之道，仍必本诚意去做。

"夫志，气之帅（主帅）也；气，体之充（充力）也。夫志至焉，气次（旅次）焉。故曰：'持其志，无暴其气。'"

"志至焉，气次焉"：一、朱子认为，志为至极，而气次之，二者有主、次之分；二、志，心之所主，志到哪儿，气也舍在哪儿，志、气是一起的。

"持其志，无暴其气"，守己之志，不把气完全暴露。

"既曰'志至焉，气次焉'，又曰'持其志，无暴其气'者，何也？"

曰："志壹（专一）则动气，气壹则动志也。今夫蹶（倾倒）者、趋（急走）者，是气也，而反动其心。"

"志壹则动气，气壹则动志"，志、气合而为一。

"敢问夫子恶乎长（哪一样是您的长处）？"
曰："我知言，我善养吾浩然之气。"

孟子是气功的祖师爷。

"知言"，特别识古圣先贤之言（思想）；"不知言，无以知人也"（《论语·尧曰》），言为心声，知人，了解人性。

"我善养吾浩然之气"，"浩然之气"，正气，与生俱来的，"天地有正气，杂然赋流形。下则为河岳，上则为日星。于人曰浩然，沛乎塞苍冥"（文天祥《正气歌》）。

精、气、神，人之三宝，"大哉乾乎！刚健中正，纯粹精也"（《易·乾》）。

你们要养浩然气，读有用书。

"敢问何谓浩然之气？"
曰："难言也（很难说）**。其为气也，至大至刚。**

浩然之气，"至大至刚"，最大最刚，无欲乃刚，有别于普通之气，不含欲，至大无外也。

"以直养而无害，则塞（充塞）**于天地之闲。其为气也，配义与道；无是**（无此气）**，馁**（怯）**也。是集义所生者，非义袭而取之**（袭取于外）**也。**

怎么养？"直养而无害"，"而"，能也，但不易做到，人最难克服的就是欲，少欲都难。"人之生也直"（《论语·雍也》），直养，顺自然之情养，不人之为道，不以人为之力害之。

喝白开水，最直养。乡下老太婆就生活简单，顺自然而生活，身体健康。

人一旦有了欲，必在欲前低头，如好抽烟的，一旦没有就"伸手牌"。

好欲，必什么名牌，并不是好事，害浩然之气，而没有精神，以欲害浩然之气。应以直道养之，不以邪道害之，直养能无害，多单纯的生活！

"行有不慊（足）于心，则馁矣。我故曰，告子未尝知义，以其外之也。

"其为气也，配义与道"，没有义与道相配，气就"馁"了！

别人说什么，都不必动心；对你歌功颂德，更不必理会。必视己之气是否"馁"。

"必有事焉而勿正，心勿忘，勿助长也。

"率性之谓道"，就"顺"，"勿正""勿忘""勿助长"。

"无若宋人然：宋人有闵（悯，忧也）其苗之不长而揠（拔）之者，芒芒（疲倦）然归。谓其人（家人）曰：'今日病（疲惫）矣，予助苗长矣。'其子趋而往视之，苗则槁（枯萎）矣。

"天下之不助苗长者寡（少）矣。以为无益而舍之者，不耘苗者也；助之长者，揠苗者也。非徒（不但）无益，而又害之。"

"揠苗助长"，逆养，违背自然法则。"由仁义行，非行仁义也"（《孟子·离娄下》）。

修身之道，按自然环境、生长结构养，非按自己的意志养。"发而皆中节"，合乎自然之节奏。

"何谓知言？"

"知言"，就能知人。言，人的心声，"不知言，无以知人"。

曰："**诐辞知其所蔽，淫辞知其所陷，邪辞知其所离**（叛），**遁辞知其所穷**。

"诐辞"，"诐"，言、皮，《说文》云："辩论也。"段玉裁释："皮，剥取兽革也。披，折也。凡从皮之字，皆有分析之意，故诐为辩论也。"偏诐之辞，知其蔽于一曲，"不该不遍，一曲之士也"（《庄子·天下》）。

"淫辞"，浸淫之辞，知其有所陷溺。"邪辞"，放僻邪辞，知其叛经离道。"遁辞"，"遁"，逃避，离于道义之辞，知其穷于道义。

"辞也者，各指其所之"，"将叛者其辞惭，中心疑者其辞枝，吉人之辞寡，躁人之辞多，诬善之人其辞游，失其守者其辞屈"（《易·系辞下传》），理穷，辞穷。

"**生于其心，害于其政；发于其政，害于其事。圣人复起，必从吾言矣。**"

"生于其心，害于其政"，言为心声，《诗》言志，故可以兴、观、群、怨。

"发于其政，害于其事"，"见之于行事"，政治乃管理众人的事，故曰政事。

"圣人复起，必从吾言矣"，见端知著，如使圣人再起，亦必从吾所言。

临事，应有自警心；应事，培智，有真知灼见，不受利用，才能脱离苦海。

"宰我、子贡善（擅长）为说辞，冉牛、闵子、颜渊善言德行。

宰我、子贡，"善为说辞"，言语科，擅长外交辞令。

冉牛、闵子、颜渊，德行科，"善言德行"，"德者，得也"（《管子·心术上》），有得于道。德行，表现出好的行为。

"孔子兼之，曰：'我于辞命，则不能也。'然则夫子既圣矣乎！"

"孔子兼之"，兼有言语、德行。"我于辞命，则不能也"，孔子自谦之辞。

"夫子既圣矣乎"，孔子是至圣，到了圣的境界。圣人，知进退存亡而不失其正也。

明理，要培养气质。随时训练自己能做事，在日常生活中培养做事的能力。

"庸言之谨；有所不足，不敢不勉；有余不敢尽。言顾行，行顾言。君子胡不慥慥尔。"（《中庸》）"视履考祥，其旋元吉"（《易·履》），每年得考祥，自己鞭策自己。

从日常生活中，训练小孩的"知"与"行"，培养其责任感，将来才能有担当。

曰："恶！是何言也！昔者子贡问于孔子曰：'夫子圣矣乎？'孔子曰：'圣，则吾不能。我学不厌而教不倦也。'

"圣"，知进退存亡而不失其正；"吾不能"，我也办不到。

"学不厌而教不倦"，孔子自称"好学"，"有教无类"，普及教育。

"子贡曰：'学不厌，智也；教不倦（倦怠），仁也。仁且智，夫子既圣矣！'夫圣，孔子不居，是何言也！"

"学不厌"：一、学总感不足；二、永不厌烦。

孔子自谓："若圣与仁，则吾岂敢？抑为之不厌，诲人不倦，则可谓云尔已矣。"（《论语·述而》）"学不厌""教不倦"是孔子最伟大的精神。

"学不厌，智也；教不倦，仁也"，既仁且智，仁者爱人，智者知人。

"知之为知，不知为不知，是知也。"（《论语·为政》）知，知日，智也。

知道了，就去做。做了就是仁，仁以行之，举手之劳，随时做。

"庸德之行，庸言之谨"，就是常德常言、日常行事。

"昔者窃（私下）闻之：子夏、子游、子张，皆有圣人之一体（德）；冉牛、闵子、颜渊，则具体而微。

"闻之"，闻自师言。《经义述闻》，王引之述闻自其父王念孙之说。

"子夏、子游、子张，皆有圣人之一体"，有孔子的一部分长处。

"冉牛、闵子、颜渊，则具体而微"，与孔子相近，但仍不如。

"敢问（敬辞）所安？"

请问："愿居于哪一等？"

曰："姑舍是。"

"暂置不谈。"恐言多必失。

曰："伯夷、伊尹何如？"
曰："不同道。非其君不事（有所不为，狷者），非其民不使；治则进，乱则退（反对以暴易暴），伯夷也（圣之清者）。

"治则进，乱则退"，有所不为。今天来看，还不饿死？对社会而言，贡献不大。

"何事非君？何使非民？治亦进，乱亦进（进取，狂者），伊尹也（圣之任者）。

"治亦进，乱亦进"，进取，不论治或乱，都必为国家服务，这种态度是好的。

"可以仕则仕，可以止则止，可以久则久，可以速则速，孔子也（圣之时者）。

"可以仕则仕，可以止则止，可以久则久，可以速则速"，"知进退存亡而不失其正者，其唯圣人乎"（《易·乾·文言》），孔子为"圣之时者"（《孟子·万章下》），"不可为典要，唯变所适"（《易·系辞下传》）。"用之则行"，行道；"舍之则藏"（《论语·颜渊》），藏道于民，"有教无类"。

"皆古圣人也，吾未能有行焉；乃所愿，则学孔子也。"

"皆古圣人也，吾未能有行焉"，孟子没当过官，没有行政经验。

"乃所愿，则学孔子也"，就因这句话，孟子成为亚圣。

"伯夷、伊尹于孔子，若是班（同等，同科）乎？"
曰："否！自有生民（人类）以来，未有孔子也。"

"自有生民以来，未有孔子也"，因孔子改一为元，"大哉乾元，万物资始"，以"元"生万物，"乃统天"，连天在内，都是"元"所始，人与天齐。孔子去除天帝观，提升人的尊严，称"天民"。

天民、天德、天爵、天吏、天禄。生来是"天民"，与天同辈，与天齐，"大哉乾元，万物资始，乃统天"，此中国的"天民观"。

天爵自尊吾自贵，"修其天爵，而人爵从之"（《孟子·告子上》），修天德，享天禄。要自尊自贵，则与生俱有，如失之，则无所不为矣！戒之，戒之！

曰："然则有同与？"
曰："有。得百里之地而君之，皆能以朝诸侯（联合诸侯），**有天下（得天下）。行一不义、杀一不辜，而得天下，皆不为也。是则同。"**

"行一不义、杀一不辜，而得天下，皆不为也"，是他们都不做的。不以杀戮得天下，战争不能解决问题，以暴易暴，报应循环，永无止境。

"是则同"，伯夷、伊尹与孔子皆以"仁"治天下。

我们要"通志除患，胜残去杀"，通天下之志，除天下之患，达没有残暴、没有杀戮的境界，天下一家，人类大同。

曰："敢问其所以异？"

曰："宰我、子贡、有若，智足以知圣人。污（夸大，到最低境界），不至阿（偏爱）其所好（趋势逢迎）。宰我曰：'以予观（察）于夫子，贤于尧舜远矣。'

宰我以"夫子贤于尧舜远矣"，让贤，传贤，公天下。尧舜之德，选贤举能；孔子"祖述尧舜"，但其德"见群龙无首"，是人人皆有士君子之行，人人皆可以为尧舜的境界，比尧舜又更进一步。

"舜何？人也。予何？人也。有为者，亦若是"（《孟子·滕文公上》），生来都是"天民"，只要自己能"有为"，亦可为尧舜，根本没有愚民政策，是何等气魄！虽未达此境界，但有此气魄，有此一思想，就极为可怕！只要你自尊自贵，皆可以为尧舜，多么勉励人！

"子贡曰：'见其礼而知其政，闻其乐而知其德。由百世之后，等（等量）百世之王，莫之能违（离此标准）也。自生民以来，未有夫子也。'

子贡说"自生民以来，未有夫子也"，"见其礼而知其政，闻其乐而知其德"，礼乐之道，与政治相通。"由百世之后，等百世之王，莫之能违"，百王之道相通，莫能违孔子之道，孔子"道贯古今"。

"自生民以来，未有夫子也"，孔子把人的人格升为"天民"，去掉了天神观，是自有人类以来未有的。

"有若曰：'岂惟民哉！麒麟之于走兽，凤凰之于飞鸟，太山（泰山）之于丘垤（蚁封），河海之于行潦（无源之水），类也（一类一类也）。圣人之于民，亦类也。出（高出）于其类，拔（特起）乎其萃（超乎其众），自生民以来，未有盛于孔子也。'"

"麒麟之于走兽，凤凰之于飞鸟"，"出于其类，拔乎其萃"，高出其类，特起其萃。

孔子"有教无类"，与弟子生活在一起。一般人物以类聚，各从其类，萃聚，"乃乱乃萃"（《易·萃》）。

孔子出类拔萃，乃天纵之圣，有若说"自生民以来，未有盛于孔子也"。

孔子思想"集大成"，集古圣先贤之大成，为前所未有的成就。

3. 孟子曰："以力假仁者霸，霸必有大国；以德行仁者王，王不待大。汤以七十里，文王以百里。

此谈王、霸之别。

"以力假仁者霸"，假仁称霸，借着仁作号召，"霸必有大国"，开疆拓土。

"以德行仁者王"，仁者无敌，"远人不服，则修文德以来之"（《论语·季氏》），是以文德，人心所归往，"王不待大"。

"霸、王之道，皆本于仁。仁，天心"（《春秋繁露·俞序》）。"仁，人也"（《中庸》），仁心，天心、人心。

"以力服人者，非心服也，力不赡（足）也；以德服人者，中心悦而诚服也，如七十子之服孔子也。

"以力服人者，非心服也"，是"力不赡也"。等有朝之日，养精蓄锐，力能相敌，就起而相争。

"以德服人者，中心悦而诚服也"，心服，如七十子之服孔子也。

"《诗》（《大雅·文王有声》）云：'自西自东，自南自北，无思（语词）不服（一、无不服；二、无不心服）。'此之谓也。"

王，人人所归往，"自西自东，自南自北，无不服"。

4. 孟子曰："仁则荣，不仁则辱。

"仁则荣"，仁者能荣己身；"不仁则辱"，不仁则辱己身。

"今恶（讨厌）辱而居不仁，是犹恶湿而居下也。

"恶辱而居不仁"，讨厌不行仁者，自己却不行仁。一般人岂不如此？疾恶如仇，却所行不仁。

"如恶之，莫如贵德而尊士。贤者在位，能者在职。国家闲暇，及是时，明其政刑，虽大国，必畏之矣！

"贵德"，以德为贵；"尊士"，礼贤下士。

"贤者在位，能者在职"，以"贤能"用人才，在位者必是贤人，不能缺德；在职者必有能，能胜任、称职。

"明其政刑"，"明"字，见《论语》"子张问明"。

"虽大国，必畏之矣"，心生敬畏。

《诗》（《豳风·鸱鸮》）云：'迨（趁）天之未阴雨，彻（取）彼桑土，绸缪（缠缚，修补）牖户；今此下民，或敢侮予？'孔子曰：'为此诗者，其知道乎！能治其国家，谁敢侮之。'

"绸缪"，未雨绸缪，防患未然，有备无患。

"谁敢侮之"，"人必自侮，而后人侮之"，天助自助，要自求多福。

"知道"，不得了！故"能治其国家，谁敢侮之"。

"今国家闲暇，及是时，般（pán，大也）乐怠（懒惰）敖（骄傲），是自求祸也。祸福无不自己求之者。

"国家闲暇，及是时，般乐怠敖"，国家有闲暇之际，在此时大作乐，怠惰遨游，居安不能思危，"是自求祸也"。祸、福无不是自己求来的。

《诗》（《大雅·文王》）云：'永（长）言（念）配命（天命），自求多福。'

"永言配命"，永念配合天命，"天命之谓性"，在天曰命，在人曰性，"不知命，无以为君子也"（《论语·尧曰》）。

是人就有人性，做事不要违背人性，要"自求多福"。

公孙丑上

53

《太甲》（《尚书》之篇名）曰：'天作孽，犹可违；自作孽，不可活。'此之谓也。"

《尚书·太甲中》："天作孽，犹可违；自作孽，不可逭（huàn，逃避也）。既往背师保之训，弗克于厥初，尚赖匡救之德，图惟厥终。"

"天作孽，犹可违"，天灾、地震，还可避开，今天重视防灾、制震。

"自作孽，不可活"，自己养欲、养成嗜好，一旦上瘾，被欲所控制，没有就痛苦不堪！

5. 孟子曰："尊贤使能，俊杰在位，则天下之士，皆悦而愿立于其朝矣。

"百人者曰杰，万人者曰英。"（《春秋繁露·爵国》）

此为政之要，"尊贤使能，俊杰在位"，"贤者在位，能者在职"。

"市廛（chán，市宅）而不征（征税），法（依法管理）而不廛（税其舍不税其物），则天下之商皆悦而愿藏于其市矣。关（关卡）讥（稽察）而不征，则天下之旅皆悦而愿出于其路矣。耕者助（助耕公田）而不税，则天下之农皆悦而愿耕于其野矣。廛无夫（雇役钱）里（地税）之布（泉，钱也），则天下之民，皆悦而愿为之氓（没有居民税，人愿搬迁来此）矣。

"氓"，从民，亡声，意会。本义指从他处移来之民，即外来移民。《诗·卫风·氓》："氓之蚩蚩（敦厚老实），抱布贸丝。"

"信（真）能行此五者，则邻国之民仰（仰望）之若父母矣。率其子弟，攻（攻击）其父母，自生民以来，未有能济（成）者也。如此，则无敌于天下。无敌于天下者，天吏也。然而不王者，未之有也。"

"天吏"，为天所使，讨伐无道。

法天，替天行道，天道尚公，"生而不有，为而不恃"（《老子·第二章》），能公而无私，故"无敌于天下者，天吏也"。

6. 孟子曰："人皆有不忍人之心。先王（古圣先王）有不忍人之心，斯有不忍人之政矣。以不忍人之心，行不忍人之政，治天下可运之掌上（喻其易）。

这是孟子最有名的一段，作为参考。"不忍人"，不论是在心理、行为或是行政上，都会表现出来。

"不忍人之心"，不忍人受苦之心。"先王有不忍人之心"，古圣先王有不忍人之心，"斯有不忍人之政矣"，即施行王道、仁政。此乃"政治家"与"政客"之所以不同。

"以不忍人之心，行不忍人之政"，将心比心，推己及人，即所谓"民之所好好之，民之所恶恶之，此之谓民之父母"（《大学》），则"治天下可运之掌上"，既简单、容易又清楚！

"所以谓人皆有不忍人之心者，今人乍（忽然）见孺子将入于井，皆有怵惕（受惊貌）恻隐（怜悯）之心。非所以内（纳）交于孺子之父母也，非所以要誉（求好名声）于乡党朋友也，非恶其声而然也。

"人皆有不忍人之心"，良知、率性、仁心。

"今人忽见孺子将掉入于井"，皆有恐惧、受惊、怜悯之心，此非所以"纳交于孺子之父母、求好名声于乡党朋友"，也"非讨厌他的哭叫声"，而是人性本能自然的流露。

人皆有"怵惕恻隐之心"，同情受伤、受害者，这是人类所共有的天性，是人性的表露，祸福与共的心理。

"由是观（察）之：无恻隐之心，非人也；无羞恶之心，非人也；无辞让之心，非人也；无是非之心，非人也。"

四心：恻隐之心、羞恶之心、辞让之心、是非之心。无此四心，"非人也"。性善论，不善皆人为。

"恻隐之心，仁之端也；羞恶之心，义之端也；辞让之心，礼之端也；是非之心，智之端也。人之有是四端也，犹其有四体也。"

"端"，事件的起始。董子《春秋繁露》有《二端篇》："夫览求微细于无端之处，诚知小之将为大也，微之将为著也。"事有二端，舜"执其两端，用中于民"。

孟子谈"四端"："仁、义、礼、智"，皆源自人的天性，也就是与生俱有的。以"四端"喻人的"四体"，也就是四肢。

"有是四端而自谓不能者，自贼者也；谓其君不能者，贼其君者也。"

"四端"，皆与生俱有的，不能有此，乃"自贼"，即自害，自暴自弃，形同残废者，是自残，心残。

性善，是良知的发现，自己对自己负责。

"凡有四端于我者，知皆扩而充之矣，若火之始然（燃），泉之始达（通）。苟能充（扩充）之，足以保四海；苟不充之，不足以事父母。"

"扩而充之"，扩充，发扬光大之，"若火之始燃，泉之始通"。

真能扩充"四端"，"足以保四海"，保有四海，多大的成就！可见一切皆操之在己，就视为与不为，不是能与不能的问题，"君子终日乾乾，夕惕若厉，无咎"（《易·乾》）。

"能"，与生俱有的，"坤以简能"，"至哉坤元，万物资生"，生来就有的。只要你不失能，没有不能。以前，不论是怎么不像样的人，都得行这些。

中国思想就在人生中，每读一段，就要有一段的生命体悟。

得善用中国智慧，入读中国书，出教天下事。

7. 孟子曰："矢人（造箭者）岂不仁于函人（造甲者）哉？矢人惟恐不伤人，函人惟恐伤人。巫（古时为人治病的）匠（制造棺木的）亦然（如此），故术不可不慎也。

此告诉人如何择业：学技术，以之作为职业谋生，不可不慎！

矢人、函人，一造箭，一造甲；一唯恐不伤人，一唯恐伤人，因为所学技术，立场不同。依此类推，治病者与造棺者，即医生与卖灵骨塔的人也一样。所以"术不可不慎也"，学技术不能不慎选，要慎术。

"孔子曰：'里仁为美。择不处仁，焉得智？'

《论语·里仁》："里仁为美。择不处仁，焉得智？"朱注："里有仁厚之俗为美。择里而不居于是焉，则失其是非之本心，而不得为智矣。"都讲择居，百密而一失。

自上述"函人与矢人"之喻，"里仁为美"，择居，居美仁里。环境对人影响大，"常在江边站，必有望海心"。

"择不处仁，焉得智？"择业，如"不处仁"，怎算得上有智？告诉人要慎术，从事有益于人的职业，救人总比杀生好。

"夫仁，天之尊爵也，人之安宅也。莫之御（阻挡）而不仁，是不智也。

"仁，天之尊爵也，人之安宅也"，仁者安仁，仁者无敌。
"莫之御而不仁"，没人阻挡你不行仁，不能行仁"是不智也"。

"不仁不智、无礼无义，人役也。人役而耻为役，由（犹）弓人而耻为弓，矢人而耻为矢也。如耻之，莫如为（行）仁。

"不仁不智"，去掉"仁且智"，"不仁不智而有材能，将以其材能以辅其邪狂之心，而赞其僻违之行，适足以大其非而甚其恶耳"（《春秋繁露·必仁且智》）。

"无礼无义"，发乎情，止乎礼义，决之以礼义，"人而无礼，胡不遄死？"（《诗·鄘风·相鼠》）

"役"，差遣、役使、奴役、仆役；"人役"，做事不能由自己操控，受人支配。"不仁不智、无礼无义，人役也"，悲哀之事！"人役而耻为役"，以受人支配为耻，则犹如"弓人而耻为弓，矢人而耻为矢也"。如以之为耻，则莫不如"行仁"。

"仁者如射，射者，正己而后发。发而不中，不怨胜己者，反求诸己而已矣。"

"仁者如射"，射者，先正己，而后发射。"发而不中，不怨胜己者"，要"反求诸己"。

"仁远乎哉？我欲仁，斯仁至矣"（《论语·里仁》），"反求诸己而已矣"，"强恕而行，求仁莫近焉"（《尽心上》）。

8. 孟子曰："子路，人告之以有过则喜。

"子路，人告之以有过则喜"，过而能改。

"子路有闻，未之能行，唯恐有闻"（《论语·公冶长》），是"知行合一"的祖师爷。

"禹闻善言则拜。

"禹拜昌言"（《尚书·皋陶谟》），"善言"，即直言。

"大舜有（又）大焉，善与人同。舍己从人，乐取于人以为善。自耕、稼、陶、渔以至为帝，无非取于人者。取诸人以为善，是与（许）人为善者也。故君子莫大乎与人为善。"

"善与人同"，"舍己从人，乐取于人以为善"，不是贱者，故不好自专。

"舜其大知也与！舜好问，而好察迩言"（《中庸》），无一不取于人，而成其为大智者，所以更为了不起！

舜"自耕、稼、陶、渔以至为帝，无非取于人者"，取人之长，以补己之短。

"取诸人以为善，是与人为善者也"，舜最后为帝，"与天下同归于仁"。

"故君子莫大乎与人为善"，"与其进也"（《论语·述而》），人既来之，则教之，使进于善。教育是"长善而救其失"（《礼记·学记》）。

9.孟子曰："伯夷，非其君不事，非其友不友。不立于恶人之朝，不与恶人言。立于恶人之朝，与恶人言，如以朝衣朝冠，坐于涂炭。

"如以朝衣朝冠，坐于涂炭"，深感不安。水清无大鱼，所以饿死。

"推恶（wù，动词，讨厌）恶（ě，不良）之心，思与乡人立，其冠不正，望望然去之，若将浼（měi，污染）焉。是故诸侯虽有善其辞命（聘问）而至者，不受也。不受也者，是亦不屑就（不肯屈就）已。

"推恶恶之心"，疾恶如仇。

伯夷，"圣之清者"。

"柳下惠（展禽，鲁公族大夫），不羞污君，不卑小官。进不隐贤，必以其道；遗佚（遭遗弃）而不怨，阨穷（没出路）而不悯（忧）。

"治亦进，乱亦进"，是先觉者，以天下为己任。

"故曰：'尔为尔，我为我，虽袒裼（露肩）裸裎（露体）于我侧，尔焉能浼我哉？'故由由然（自得貌）与之偕（在一起）而不自失焉，援而止之而止。援而止之而止者，是亦不屑去已。"

与人和而不自失，"和而不流，强哉矫"（《中庸》），"圣之和者"。

孟子曰："伯夷隘（斤斤自守，狷），柳下惠不恭（放浪形骸，狂）。隘与不恭，君子（孔子）不由（不从）也。"

"孟子曰"，孟子的评语。

伯夷、柳下惠，各有所偏，各有其弊。

"隘与不恭，君子不由也"，孔子是"知进退存亡而不失其正"。

孔子是"圣之时者"，圣时，"不可为典要，唯变所适"，适时、宜时。

公孙丑下

10.孟子曰：“天时不如地利，地利不如人和。

"天时不如地利，地利不如人和"，做事三要素：天时、地利、人和。

人和为贵，"礼之用，和为贵"（《论语·学而》），"致中和，天地位焉，万物育焉"（《中庸》）。

"三里之城，七里之郭（城外城），环（包围）而攻之而不胜。夫环而攻之，必有得天时者矣；然而不胜者，是天时不如地利也。

"城（城墙）非不高也，池（护城河）非不深也，兵革（兵器）非不坚利也，米粟（储粮）非不多也；委（弃）而去之，是地利不如人和也。

"故曰：域（界限）民不以封疆之界（在民怀德），固国不以山溪之险（在仁惠也），威（威震）天下不以兵革之利（在有德）。

朱注引尹氏曰："言得天下者，凡以得民心而已。"

"得道者多助，失道者寡（少）助。寡助之至，亲戚畔（叛）之；多助之至，天下顺之。以天下之所顺，攻亲戚之所畔；故君子有不战，战必胜矣。"

"得道者多助，失道者寡助"，没人帮你，因你失道。

"以天下之所顺，攻亲戚之所叛"，掌握了"人和"，故"君子有不战，战必胜矣"！

"孔子曰：'我战则克，祭则受福。'盖得其道矣。"（《礼记·礼器》）孔子战必克，多厉害！

11. 孟子将朝王，王使人来曰："寡人如就见者也，有寒疾，不可以风（要避风寒）。朝，将视朝，不识（知）可使寡人得见乎？"

对曰："不幸而有疾，不能造（赴）朝。"

明日，出吊于东郭氏（齐大夫）。公孙丑曰："昔者辞以病，今日吊，或者不可乎？"

曰："昔者疾，今日愈（痊愈），如之何不吊？"

王使人问疾，医来。孟仲子（孟子从弟）对曰："昔者有王命，有采薪之忧（自谦），不能造朝。今病小（稍）愈（愈），趋（催促）造（拜）于朝，我不识（知）能至否乎？"

使数人要（邀）于路，曰："请必无归，而造于朝！"

不得已而之（往）景丑氏（齐大夫）宿（过一夜）焉。

景子曰："内则父子，外则君臣，人之大伦也。父子主恩，君臣主敬。丑见王之敬子也，未见所以敬王也。"

"父子主恩，君臣主敬"，父子是血缘，亲情；君臣是主从，恭己敬事。

曰："恶（叹词，表惊讶）！是何言也。齐人无以仁义与王言者，岂以仁义为不美也？其心曰'是何足与言仁义也'云尔（如此）。则不敬莫大乎是！我非尧舜之道，不敢以陈于王前，故齐人莫如我敬王也。"

孟子"言必称尧舜"，推销王道。

景子曰："否！非此之谓也。礼曰：'父召，无诺；君命召，不俟驾。'固将朝也，闻王命而遂不果，宜（殆）与夫（指示形容词）礼若不相似然。"

"父召无诺，先生召无诺，唯而起。"（《礼记·曲礼上》）父亲、先生召唤，不能回答"诺"，要回答"唯"，并迅速站起。
"唯""诺"，应辞。"唯"，敬辞；"诺"，一般用词。
"君命召，不俟驾行矣"（《论语·乡党》），公事先于私事。

曰："岂谓是与！曾子曰：'晋、楚之富，不可及也。彼以其富，我以吾仁；彼以其爵，我以吾义。吾何慊（不足）乎哉！'夫岂不义而曾子言之，是或一道也。
"天下有达尊三：爵一，齿一，德一。朝廷莫如爵（爵位，序爵），乡党莫如齿（尚齿，尊老），辅（助）世长（长养）民莫如德（敬德）。恶（如何）得有其一，以慢其二哉！

"朝廷莫如爵"，"爵者，尽也，各量其职尽其才也。"（《白虎通义·爵》）

《中庸》"九经"："修身也，尊贤也，亲亲也，敬大臣也，体群臣也，子庶民也，来百工也，柔远人也，怀诸侯也。"

"故将大有为之君，必有所不召之臣。欲有谋焉则就（就教）之。其尊德乐道，不如是，不足与有为也。

"大有为"，大有作为。

"不召"，不当以命令召见，哪有叫来即来？是移樽就教，三顾茅庐。

"尊德乐道"，《中庸》所谓"尊贤""敬大臣""体群臣"，方足以有为。

"故汤之于伊尹，学焉而后臣之，故不劳而王（王天下）；桓公之于管仲，学焉而后臣之，故不劳而霸（霸诸侯）。今天下地丑（相类）德齐（相等），莫能相尚（胜）。无他，好（喜）臣其所教（受我指挥），而不好臣其所受教（听他教导）。汤之于伊尹，桓公之于管仲，则不敢召。管仲且犹不可召，而况不为管仲者乎？"

孟子谈王道，不喜霸道，故自谓"不为管仲者"。

12.陈臻（孟子弟子）问曰："前日于齐，王馈（赠送）兼金（最好的银子）一百而不受；于宋，馈七十镒（一镒，二十四两）而受；于薛，馈五十镒而受。前日之不受是，则今日之受非也；今日之受是，则前日之不受非也。夫子必居一于此矣。"

公孙丑下

65

孟子曰："皆是也。当在宋也，予将有远行。行者必以赆（资斧，旅费），辞曰：'馈赆（送程仪）。'予何为不受？当在薛也，予有戒心（戒备）。辞曰：'闻戒。'故为兵馈之，予何为不受？若于齐，则未有处也。无处而馈之，是货之（收买）也。焉有君子而可以货取乎？"

孟子谈取与之道。

13. **孟子之平陆**（齐国边邑）。**谓其大夫曰："子之持戟之士，一日而三失伍，则去之否乎？"曰："不待三。"**

值班失职，去之。

"然则子之失伍（值班，无故不到）**也亦多矣！凶年饥岁，子之民，老羸**（弱）**转于沟壑，壮者散而之四方者，几千人矣。"曰："此非距心**（平陆的大夫）**之所得为也。"**

"凶年饥岁，子之民，老弱转于沟壑"，乃政府失能。

曰："今有受人之牛羊而为之牧之者，则必为之求牧与刍（饲料）**矣。求牧与刍而不得，则反诸其人**（还回给主人）**乎？抑亦立而视其死**（坐视牛羊死亡）**与？"曰："此则距心之罪也。"**

此看守者之罪。

他日，见于王曰："王之为都者（治理一邑之大夫），**臣知五人焉。知其罪者，惟孔距心。为王诵**（传述）**之。"王曰："此则寡人之罪也。"**

用人失职，是王的罪。

14. 孟子谓蚳蛙（chí wā，齐大夫）曰："子之辞灵丘（齐邑）而请士师（刑官之属），似也，为其可以言也。今既数月矣，未可以言与？"

蚳蛙谏于王而不用，致为臣（致仕）而去。

齐人曰："所以为蚳蛙，则善矣；所以自为（自为计），则吾不知也。"

公都子（孟子弟子）以告。

曰："吾闻之也：有官守（任官应有之职责）者，不得其职则去；有言责（负责进谏）者，不得其言则去。我无官守，我无言责也，则吾进退，岂不绰绰然有余裕（宽裕自如）哉？"

"官守"，官位职务，居官守职；"言责"，献言谏诤。

"无官守""无言责"，进退自如。孟子居宾师之位，无实际任官。

15. 孟子为卿（客卿）于齐，出吊于滕，王使盖（齐地）大夫王驩（盖邑大夫）为辅行（副使）。王驩朝暮见，反齐滕之路，未尝与之言行事（使事）也。

客卿，没有一定职务与责任，如"不管部"、政务委员。

邑大夫，官虽小，但有实权，负实际行政责任。

公孙丑曰："齐卿之位，不为小矣；齐滕之路，不为近矣。反之而未尝与言行事，何也？"

曰："夫（彼）既或治之，予何言哉？"

孟子不得与王驩议事，复何言哉？

16.孟子自齐葬于鲁，反于齐，止于嬴。充虞（孟子弟子）请曰："前日不知虞之不肖，使虞敦匠（监督治棺）。事严（事急），虞不敢请。今愿窃（私自）有请也，木若以美然（棺木似乎太好）。"

曰："古者棺椁无度；中古棺七寸，椁（棺外套）称（相当）之。自天子达于庶人。非直（不但）为观美也，然后尽于人心（尽人子之心）。不得（不得好木），不可以为悦；无财，不可以为悦。

棺椁制度之由来。

"得之为有财，古之人皆用之，吾何为独不然？且比化者（死者），无使土亲肤（尸体不沾泥土），于人心独无恔（xiào，畅快）乎？吾闻之君子：不以天下俭其亲。"

"不以天下俭其亲"，俭省其亲，"养生者不足以当大事，惟送死可以当大事"（《孟子·离娄下》），重视父母丧葬，"死葬之以礼"，当竭尽全力。

17.沈同（齐大臣）以其私（私人身份）问曰："燕可伐与（欤）？"
孟子曰："可。子哙（燕国君）不得与人燕，子之（燕宰相）不得受燕于子哙（子哙禅位子之）。有仕于此，而子悦之，不告于王，而私与之（私相授受）吾子之禄爵；夫士也，亦无王命而私受之于子，则可乎？何以异于是？"

子哙禅位于子之，"无王命而私受之"，诸侯有天子在，不可以位私相授受。

齐人伐燕。或问曰："劝齐伐燕，有诸？"

曰："未也。沈同问'燕可伐与？'吾应之曰：'可。'彼然而伐之也。彼如曰：'孰可以伐之？'则将应之曰：'为天吏，则可以伐之。'

"礼乐征伐自天子出"，天吏，奉天命讨伐。

"今有杀人者，或问之曰：'人可杀与？'则将应之曰：'可。'彼如曰：'孰可以杀之？'则将应之曰：'为士师（审理诉讼），则可以杀之（执行职务）。'今以燕伐燕，何为劝之哉？"

有人杀人，士师乃得以杀之。

以齐伐燕，等同"以燕伐燕"，没有两样。

18. 燕人畔（叛）。王曰："吾甚惭于孟子。"

齐伐燕，五旬而举之。燕人立公子平，不肯归附于齐。

孟子曾告齐王置君而返。齐王不听，故曰"吾甚惭于孟子。"

陈贾（齐大夫）曰："王无患（忧）焉。王自以为与周公，孰仁且智？"

王曰："恶！是何言也？"

曰："周公使管叔监殷，管叔以殷畔。知而使之，是不仁也；不知而使之，是不智也。仁智，周公未之尽也，而况于王乎？

贾请见而解之。"

见孟子，问曰："周公何人也？"曰："古圣人也。"

曰："使管叔监殷，管叔以殷畔也，有诸？"曰："然。"

曰："周公知其将畔而使之与？"曰："不知也。"

"然则圣人且有过与？"曰："周公，弟也；管叔，兄也。周公之过，不亦宜乎？且古之君子，过则改之；今之君子，过则顺之。古之君子，其过也，如日月之食，民皆见之；及其更也，民皆仰之。今之君子，岂徒顺之，又从为之辞。"

"君子之过也，如日月之食焉：过也，人皆见之；更也，人皆仰之"（《论语·子张》），"过则勿惮改"（《论语·学而》），"人非圣贤，人孰能无过？过极能改，善莫大焉"（《左传·宣公二年》）。

"过则顺之"，顺遂其过；"又从为之辞"，又从而解说之，文过饰非，"小人之过也，必文"（《论语·子张》）。

19. 孟子致为臣（致仕）而归。王就见孟子，曰："前日愿见而不可得，得侍同朝，甚喜。今又弃寡人而归，不识（知）可以继此而得见（日后再相见）乎？"对曰："不敢请（自请）耳，固所愿也。"

他日，王谓时子（齐大夫）曰："我欲中国而授孟子室（宅），养弟子以万钟（厚禄），使诸大夫国人皆有所矜（敬）式（法）。子盍（何不）为我言之？"

时子因陈子而以告孟子，陈子以时子之言告孟子。孟子曰："然，夫时子恶（怎么）知其不可也？如使予欲富，辞十万而受万，是为欲富乎？

"季孙（孟子弟子）曰：'异哉，子叔（孟子弟子）疑！使己为政，不用，则亦已矣，又使其子弟为卿。人亦孰不欲富贵，而独于富贵之中，有私龙（垄）断焉。'

"古之为市也，以其所有，易其所无者，有司者治之耳。有贱丈夫焉，必求龙断而登（高收）之，以左右望而罔（网）市利（独占市利）。人皆以为贱，故从而征（收税）之。征商，自此贱丈夫始矣。"

商贾贱买贵卖，垄断，独占市利。商人课税，自此开始，孟子以为"贱丈夫"。

20. 孟子去齐，宿于昼（齐西南邑）。有欲为王留行者，坐而言不应，隐几而卧。

客不悦曰："弟子齐宿而后敢言，夫子卧而不听，请勿复敢见矣。"

曰："坐！我明语子。昔者鲁缪公无人乎子思之侧，则不能安子思；泄柳、申详（亦贤人），无人乎缪公之侧，则不能安其身。子为长者（孟子自谓）虑，而不及子思，子绝长者乎？长者绝子乎？"

21. 孟子去齐。尹士（齐人）语人曰："不识王之不可以为汤武，则是不明也；识其不可，然且至，则是干泽（求取恩泽）也。千里而见王，不遇（合）故去。三宿而后出昼，是何濡滞（迟留）也？士则兹（此）不悦。"

高子（齐人，孟子弟子）以告。曰："夫尹士恶知予哉？千里而见王，是予所欲也；不遇故去，岂予所欲哉？予不得已也。予三宿而出昼，于予心犹以为速。王庶几改之。王如改诸，则必反予。

"夫出昼而王不予追（不追予）也，予然后浩然（如水之流，不可返）有归志。予虽然，岂舍王哉？王由（犹）足用为善。王如用予，则岂徒齐民安，天下之民举（皆）安。王庶几改之，予日望之！予岂若是小丈夫（小人）然哉？谏于其君而不受，则怒，悻悻然（愤愤不平貌）见（现）于其面。去则穷日之力（尽一日之力以行）而后宿哉？"

尹士闻之曰："士诚（真）小人也。"

22.孟子去齐。充虞（孟子弟子）路问（在路上问）曰："夫子若有不豫色（面色不愉快）然？前日虞闻诸（之于）夫子曰：'君子不怨天，不尤人。'"

"不怨天，不尤人，下学而上达。知我者，其天乎！"（《论语·宪问》）

曰："彼一时，此一时也。五百年必有王者兴，其间必有名世者。由周而来，七百有余岁矣。以其数，则过矣；以其时考之，则可矣。

"五百年必有王者兴，其间必有名世者"，世运五百年一变。

"夫天，未欲平治天下也；如欲平治天下，当今之世，舍我其谁也？吾何为不豫（乐）哉？"

"平治天下"，平天下而天下平。

"舍我其谁"，非己莫属。孟子自许之高。

23. 孟子去齐，居休（地名）。
公孙丑问曰："仕而不受禄，古之道乎？"

孟子在齐做客卿，不受齐王俸禄。

曰："非也。于崇（地名）**，吾得见王。退而有去志，不欲变**（改变去志）**，故不受也。继而有师命**（齐伐燕）**，不可以请**（请辞）。**久于齐，非我志也。"**

禄以食功，无其事，不食其禄。

滕文公上

1. 滕文公为世子（诸侯之子），将之（往）楚，过（经过）宋而见孟子。孟子道性善，言必称尧舜。

"道性善，言必称尧舜"，此为孟子的哲学基础，由此得以入圣庙，成为"亚圣"。立说，只要几个字就成了。

世子（滕文公）自楚反（返），复（又）见孟子。孟子曰："世子疑吾言乎？夫道，一而已矣。

"道，一而已"，孔子"吾道一以贯之"（《论语·里仁》）。

"成䂄（jiàn，古之勇士）谓齐景公曰：'彼，丈夫也；我，丈夫也。吾何畏彼哉？'颜渊曰：'舜何？人也。予何？人也。有为者，亦若是。'

古书，因为标点不同，意思乃有别。

一、"舜何人也？予何人也？有为者亦若是。"舜是何许人也？我是何许人也？像要吵架的样子，"有为者亦若是"。

二、"舜何？人也。予何？人也。有为者，亦若是。"舜是人，我亦是人，只要我有为，皆可成为舜。"何以异于人哉？尧舜与人同耳"（《孟子·离娄下》）。

人皆有"元"，"大哉乾元，万物资始；至哉坤元，万物资生。"心即佛，佛即觉，人人皆有佛性，人人皆可成佛。迷，皆自迷，缺自觉。

"公明仪曰：'文王我师也，周公岂欺我哉？'今滕，绝（截）长补短，将五十里也，犹可以为善国。《书》（《尚书·说命》）曰：'若药不瞑眩（头晕目眩），厥疾不瘳（chōu，病愈）。'"

"截长补短，将五十里也，犹可以为善国"，此治国成功之法。治国，不在乎地的大小，小国亦可以是善国。

"若药不瞑眩，厥疾不瘳"，若药服后不晕眩，那病就不能根治。喻治久病，不能不下重药。

"治乱世用重典"，不是用重刑，乃超乎常道常规，有惊人之举。如人之养勇，必具有不惧之胆，大无畏之精神。搞政治，智仁勇、胆量识，缺一不可。

一部《大学》，"修齐治平"，即为政之道。治（chì）平，入手处，平天下；治（zhì）平，结果，天下平。平天下而天下平。

2. 滕定公（滕文公之父）薨（诸侯死），世子谓然友（世子之傅）曰："昔者孟子尝与我言于宋，于心终不忘。今也不幸，至于

大故，吾欲使子问于孟子，然后行事。"

　　然友之（往）邹，问于孟子。孟子曰："不亦善乎！亲丧，固所自尽（尽己之所能）也。曾子曰：'生事之以礼；死葬之以礼，祭之以礼：可谓孝矣。'诸侯之礼，吾未之学也；虽然，吾尝闻之矣：三年之丧，齐（zī）疏（粗）之服，饘（zhān，馆，稠也）粥之食，自天子达于庶人，三代共之。"

　　"三年之丧"，昔父母之丧，"齐疏之服，饘粥之食"，披麻戴孝，喝粥。

　　"自天子达于庶人"，"三年之丧，达乎天子；父母之丧，无贵贱，一也"（《中庸》）。

　　然友反命，定为三年之丧。父兄百官皆不欲，曰："吾宗国鲁先君莫之行，吾先君亦莫之行也；至于子之身而反之，不可。且志曰：'丧祭从先祖。'"曰："吾有所受之也。"

　　谓然友曰："吾他日未尝学问，好驰马试剑。今也父兄百官不我足也，恐其不能尽于大事，子为我问孟子。"

　　然友复之邹，问孟子。孟子曰："然。不可以他求者也。孔子曰：'君薨，听于冢宰。歠（chuò，喝）粥，面深墨（甚黑）。即位而哭，百官有司，莫敢不哀，先之也（先于百官有司，作为模范）。上有好者，下必有甚焉者矣。君子之德，风也；小人之德，草也。草尚之风，必偃。'是在世子。"

　　"君子之德，风也；小人之德，草也。草尚之风，必偃"（《论语·颜渊》），上好下甚。

世子，诸侯的嫡长子，未来侯位继承人。

然友反命。世子曰："然！是诚在我。"

五月居庐（居丧之倚庐），**未有命戒**（发布命令或告诫）。**百官族人可谓曰知**（知礼）。**及至葬，四方来观之，颜色之戚**（哀戚），**哭泣之哀，吊者大悦。**

"吊者大悦"，来吊丧的人观之，称世子是孝子，无不悦服。

3. 滕文公问为国（治国之道）。

孟子曰："民事不可缓也。

治国，民事为第一要务，今天内政，民以食为天，即古之"食货"，《尚书·洪范》"八政"：一曰食，勤农业。二曰货，宝用物。亦即吃饭、穿衣。

《诗》（《豳风·七月》）**云：'昼**（白天）**尔于茅**（割取茅草），**宵**（晚上）**尔索绹**（绞绳索）；**亟**（急）**其乘**（升）**屋**（到屋顶以茅覆屋），**其始播**（播种）**百谷。'**

"民之为道也，有恒产者有恒心，无恒产者无恒心。苟无恒心，放辟邪侈，无不为已。及陷乎罪，然后从而刑之，是罔民也。焉有仁人在位，罔民而可为也？是故贤君必恭俭礼下（礼贤下士），**取于民有制**（制度）。

"罔民"，网民，入民于罪。

"阳虎（季氏家臣）**曰：'为富不仁矣！为仁不富矣！'**

"为富不仁"，为了富，没有仁慈，剥削别人，发财致富。

看今天，有多少空屋？而又有多少人无家可归？

"为仁不富"，乐善好施，不聚敛钱财。做慈善事业，不以发财为目的。

"夏后氏五十而贡，殷人七十而助，周人百亩而彻，其实皆什一也。彻者，彻（聚）也；助者，藉（助耕公田）也。

古时田赋制度。

"龙子（古贤人）曰：'治地莫善于助，莫不善于贡。贡者，校数岁之中以为常（常数），乐岁粒米狼戾（狼藉，喻不甚贵重），多取之而不为虐，则寡取之；凶年，粪其田（治田施肥）而不足，则必取盈（满额）焉。为民父母，使民盻盻（xì，勤苦不休）然（如此），将终岁（整年）勤动，不得以养其父母，又称贷（举债）而益（凑足规定数量）之。使老稚（幼）转乎沟壑，恶（如何）在其为民父母也？'夫世禄，滕固行之矣。《诗》（《小雅·大田》）云：'雨我公田，遂及我私。'惟助为有公田。由此观之，虽周亦助也。

"雨我公田，遂及我私"，望天雨我公田，因遂及我私田，先公后私。

"设为庠序学校以教之：庠（xiáng）者，养（致仕）也；校者，教（教民）也；序者，射（习射讲武）也。夏曰校，殷曰序，周曰庠，学则三代共之，皆所以明人伦也。人伦明于上，小民亲于下。有王者起，必来取法，是为王者师也。

富而后教，加之以教化，使"明人伦"，懂做人之道，"人人亲其亲，长其长，而天下平"。

《诗》(《大雅·文王》) 云：'周虽旧邦，其命惟新。'文王之谓也。子力行之，亦以新子之国。"

"周虽旧邦，其命惟新"，国虽老了，但日新己德，不失其新。

"新子之国"，在新民，"苟日新，日日新，又日新"(《大学》)，作新民。

使毕战 (滕文公之臣) 问井地 (井田制)。孟子曰："子 (您) 之君 (国君) 将行仁政，选择而使子，子必勉之！夫仁政，必自经界始。

"仁政，必自经界始"，将田的界线划分清楚，界线划分明。

经界法则，乃立民之本。建制立法，国家的政经、教育，一切典章制度均在内，是非分明，是就是，非就非。

"经界不正，井地不钧，谷禄不平。是故暴君污吏必慢 (毁法乱纪) 其经界。经界既正，分田制禄，可坐而定也。

"不患寡而患不均"，"均无贫"，心理有同一满足。

"暴君污吏必慢其经界"，暴君污吏毁法乱纪，必先破坏一切法律制度，独断独行，为所欲为，就为了达至私利的目的。

国家一旦法纪荡然，百姓就不明智，虽有贤者，也莫可奈何了！

"夫滕，壤地褊小，将为（有）君子（做官的）焉，将为野人（在野耕者）焉。无君子莫治野（国都以外四郊之地）人，无野人莫养君子。请野，九（井田）一而助（行助法）；国中（域中）什一使自赋。卿以下，必有圭田（作为世禄），圭田五十亩。余夫（年满十六，尚未独立）二十五亩。

百姓皆有恒产，则安土重迁。

"死（葬死）、徙（易居）无出乡。乡田同井，出入相友，守望相助，疾病相扶持，则百姓亲睦。

乡里制度，守望相助，和睦相亲。

"方里而井，井九百亩，其中为公田；八家皆私百亩，同养公田。公事毕，然后敢治私事，所以别野人也。

"井田制"是理想，但自古就无实行过。

"此其大略（要）也。若夫润泽（慈惠润泽）之，则在君与子矣。"

此其大致情形。至于如何付诸实施，就由你们裁成了。

4.古有为（治，研究）神农之言者许行（楚人），自楚之（往）滕，踵门（登门）而告文公曰："远方之人闻君行仁政，愿受一廛（民宅）而为氓（移民）。"

农家依托神农，主张"与民并耕而食，饔飧而治"。

文公与之处（给予住宅），其徒数十人，皆衣褐（粗毛布），捆屦（麻鞋）、织席以为食（营生）。

陈良（仲良氏之儒）之徒陈相（陈良弟子）与其弟辛，负耒耜而自宋之滕，曰："闻君行圣人之政，是亦圣人也，愿为圣人氓。"

陈相见许行而大悦，尽弃其学而学焉。陈相见孟子，道许行之言曰："滕君，则诚（真）贤君也；虽然，未闻道也。贤者与民并耕而食，饔（朝饭）飧（夜饭）而治。今也，滕有仓廪府库，则是厉（害）民而以自养也，恶（安）得贤？"

孟子曰："许子必种粟而后食乎？"曰："然。"

"许子必织布而后衣乎？"曰："否。许子衣褐（粗布衣）。"

"许子冠乎？"曰："冠。"曰："奚冠？"曰："冠素。"曰："自织之与？"曰："否。以粟易之。"曰："许子奚为不自织？"曰："害于耕。"曰："许子以釜（铁制器）甑（陶制器）爨（烹饪），以铁耕乎？"曰："然。""自为之与？"曰："否。以粟易之。"

"以粟易械器者，不为厉（自制）陶冶；陶冶亦以其械器易粟者，岂为厉农夫哉？且许子何不为陶冶，舍（什么，浙江绍兴方言）皆取诸其宫中（家中）而用之？何为纷纷然与百工交易？何许子之不惮烦（不怕厌烦）？"

曰："百工之事，固不可耕且为也。"

逼出此一结论。

"然则治天下独可耕且为与（欤）？有大人之事，有小人之事。且一人之身，而百工之所为备。如必自为而后用之，是率天下而路（同"露"，羸露，喻生活不得安）也。

"有大人之事，有小人之事。且一人之身，而百工之所为备"，社会分工，不是一人所能独揽。"百工之所为备"，如今百货公司，什么货都备了。

"故曰：或劳心，或劳力，劳心者治人，劳力者治于人；治于人者食人，治人者食于人：天下之通义也。

"劳心者治人，劳力者治于人"，社会分工，"同功而异位"（《易·系辞下传》），同一重要，缺一不可。

"当尧之时，天下犹未平，洪水横流，泛滥于天下。草木畅茂，禽兽繁殖，五谷不登（熟），禽兽偪（逼）人。兽蹄鸟迹之道，交于中国。尧独忧之，举（用）舜而敷治（治理）焉。

尧老，有四凶，天下犹未平，要找人才治理。举用舜，代为治理。

"舜使益掌火，益烈山泽而焚之，禽兽逃匿。禹疏九河（分黄河下流为九道），瀹（yuè，疏导）济漯（tà），而注诸海；决（导）汝汉，排淮泗，而注之江。然后中国可得而食也。当是时也，禹八年于外，三过其门而不入，虽欲耕，得乎？后稷教民稼穑（农艺），树艺（种植）五谷，五谷熟而民人育（养）。

舜用各方面人才治理天下。
"禹八年于外，三过其门而不入"，为民从公的精神。

"人之有道也，饱食、暖衣、逸居而无教，则近于禽兽。

圣人有（又）**忧之，使契**（商之始祖）**为司徒，教以人伦**（常）**：父子有亲**（血缘之亲）**，君臣有义**（宜也）**，夫妇有别**（别人外，分工）**，长幼有序**（伦序）**，朋友有信。**

"饱食、暖衣、逸居而无教，则近于禽兽""人之异于禽兽者，几兮""既富，而后教之"（《论语·子路》），"仓廪实而知礼节，衣食足而知荣辱"。

"父子有亲，君臣有义，夫妇有别，长幼有序，朋友有信"，五伦之教。

"朋友以信"，互相切磋琢磨，使之自食其力，能够自立。

"放勋（尧之号）**曰：'劳之来之，匡**（正）**之直之，辅之翼**（助）**之，使自得之，又从而振德之。'**

"使自得之"，皆自得也，经由"劳来""匡直""辅翼"，使之自立；"又从而振德之"，圣人贵除天下之患，即"振德之"，使人由内圣而外王，己立立人，己达达人。

人生不外乎此段，知此，则知怎么为人处世。

"圣人之忧民如此，而暇耕乎？

尧以治理天下为忧，其忧民如此，哪有空暇耕田？

"尧以不得舜为己忧，舜以不得禹、皋陶为己忧。夫以百亩之不易（治）**为己忧者，农夫**（小人怀土）**也。分人以财谓之惠，教人以善谓之忠，为天下得人者谓之仁**（为后生谋幸福）**。是故，以天下与人**（不做天子）**易，为天下得人难**（得人才难）。**

元首在为天下得人才，用人才治理好天下，不是事必躬亲。

"孔子曰："大哉尧之为君！惟天为大，惟尧则之，荡荡乎（形容其伟大）**民无能名**（当动词，形容）**焉！**

"惟天为大，惟尧则之"，尧则天有成，故曰"大哉尧之为君！"

""君哉舜也！巍巍乎（崇高貌）**有天下而不与焉！""**

舜"有天下而不与焉"，舜的伟大，不在他身为天子，而是有德，其才智之用，是用在有建设性，以救民为念。

"尧舜之治天下，岂（岂是）**无所用其心哉？亦不用于耕耳。**

尧、舜岂是无所用其心！尧以不得舜为己忧，舜以不得禹、皋陶为己忧"。"至禹而德衰"，必忧在此，忧找不到好的接班人，不得人才，后继无人。

一般人所忧是什么？"以百亩之不治为己忧者，农夫也"，"小人怀土"，百姓以百亩地不治为忧。

"分人以财谓之惠"，小人怀惠，好对付；"教人以善谓之忠"，"以善长人"，尽己之谓忠；"为天下得人者谓之仁"，为天下找好的接班人，仁爱天下，仁者无不爱也。

"为天下得人难"，得人才难！难在识人，因有识人之智，不易！

"世有伯乐，然后有千里马。千里马常有，而伯乐不常有"（韩愈《马说》），是以名马只辱于奴隶人之手，欲其与常马等而不可得，安求其能日行千里哉？

"吾闻用夏变夷者，未闻变于夷者也。

《说文》云："夏，中国之人也。"《尚书·舜典》曰："蛮夷猾夏，寇贼奸宄。"夏、诸夏、华夏。

"用夏变夷"，此中国人的骄傲，"君子不使无礼义制治有礼义"，不与（许）夷狄之执中国（《春秋公羊传·隐公七年》）。

今天知识分子"用夷变夏"，能不感到惭愧？

"陈良，楚产也。悦周公、仲尼之道，北学于中国。北方之学者，未能或之先也。彼所谓豪杰之士也。子之兄弟，事之数十年，师死而遂倍（背）之。

陈良是楚人，北游中国学儒学，学者不能有先之者。

陈相、陈辛两人师事陈良数十年。良死，背弃所学，而学于许行。

"昔者孔子没，三年之外，门人治任（整治行旅）将归，入揖于子贡，相向而哭，皆失声，然后归。子贡反（返），筑室于场，独居三年，然后归。

孔子去世，弟子守三年丧。独子贡庐墓六年。

"他日，子夏、子张、子游，以有若似圣人，欲以所事孔子事之，强（勉强）曾子。曾子曰：'不可！江汉以濯（洗涤）之，秋阳以暴（曝）之，皜皜（显）乎不可尚（上）已。'

曾子坚决反对孔门弟子背师，师事有若。

"今也南蛮鴃（jué）舌之人，非（非议）先王之道，子倍（违背）子之师而学之，亦异于曾子矣。

以曾子说明陈良之举，有背于师门。

"吾闻出于幽谷（深谷）迁于乔木者，末闻下乔木而入于幽谷者。《鲁颂》（《颂·閟宫》）曰：'戎狄是膺（讨伐），荆舒是惩（惩戒）。'周公方且膺之（击戎狄之不善者），子是之学（指陈相学许行之学），亦为不善变矣。"

"从许子之道，则市贾（价）不贰（物价齐一），国中无伪。虽使五尺之童适（往）市，莫之或欺。布帛长短同，则贾相若；麻缕丝絮轻重同，则贾相若；五谷多寡同，则贾相若；屦大小同，则贾相若。"

陈良道许行之学的优点。

曰："夫物之不齐，物之情也：或相倍（一倍）蓰（五倍），或相什（十倍）伯（百倍），或相千（千倍）万（万倍）。子比（次）而同之，是乱天下也。巨屦、小屦同贾（价），人岂为之哉？从许子之道，相率而为伪者也，恶（何）能治国家？"

"夫物之不齐，物之情也"，如何使不齐能齐？有《齐民要术》一书。

孟子以为许子之道，是率人作伪，如何能治国？

5. 墨者夷之 (治墨学)，因徐辟 (孟子弟子) 而求见孟子。

"墨者"，宗墨子学说，以墨翟为始祖。

孟子曰："吾固愿见，今吾尚病，病愈，我且往见。"夷子不来。

他日，又求见孟子。孟子曰："吾今则可以见矣。不直 (直言相质)，则道不见 (现儒家之道)；我且直之。吾闻夷子墨者。墨之治丧也，以薄为其道。夷子思以易天下 (以薄葬改天下之风尚)，岂以为非是而不贵也？然而夷子葬其亲厚，则是以所贱事亲也。"

墨家主张薄葬。夷子想以薄葬改变天下厚葬风气。但夷子厚葬其亲，孟子直言质问。

徐子以告夷子。夷子曰："儒者之道，古之人'若保赤子'，此言何谓也？之则以为爱无差等，施由亲始。"

徐子以告孟子。孟子曰："夫夷子信以为人之亲其兄之子，为若亲其邻之赤子乎？彼有取尔也。赤子匍匐 (四肢着地爬行) 将入井，非赤子之罪也。且天之生物也，使之一本，而夷子二本故也。

"天之生物，使之一本"，皆同出一本。
"夷子二本"，以他人之亲薄葬，己亲厚葬，是二本。

"盖上世尝有不葬其亲者，其亲死，则举而委之于壑 (山沟)。他日过之，狐狸食之，蝇蚋 (ruì) 姑嘬 (zuō，吮吸) 之；

其颡（sǎng，前额）有泚（cǐ，出汗），睨（nì，斜看）而不视。夫泚也，非为人泚，中心达于面目。盖归，反虆（léi，盛土草具）梩（同"耜"，掘土器械）而掩之。掩之，诚是也。则孝子仁人之掩其亲，亦必有道矣。"

谈及土葬、厚葬之由来，乃爱亲之心，发之于内心而不容已。

徐子以告夷子，夷子怃然（怅然），为间（片刻之间）曰："命之矣。"

夷子说："我受教了！"

6. 陈代（孟子弟子）曰："不见诸侯，宜若小（小节）然；今一见之，大则以王，小则以霸。且志曰：'枉（屈）尺而直（伸）寻（八尺）'，宜若可为也。"

"枉尺而直寻，宜若可为也"，所屈者小，所伸者大，这话特别美！

大丈夫能屈能伸，必要有远见，有"枉尺"的功夫，直时可以"寻丈"，故能成其大业。

"枉尺而直寻"，有大抱负，要养能屈能伸的功夫。此经义所在，必要深懂，可以启发人无穷。

孟子曰："昔齐景公田，招虞人以旌，不至，将杀之。'志士不忘在沟壑（之中），勇士不忘丧其元（头）'，孔子奚（何）取焉？取非其招不往也。如不待其招而往，何哉？

"志士不忘在沟壑，勇士不忘丧其元"，无求生而忘本，有舍身以取义。"志士仁人，无求生以害仁，有杀身以成仁"（《论语·卫灵公》）。

"取非其招不往"，取其非礼招己则不往。

"且夫枉尺而直寻者，以利言也。如以利，则枉寻直尺而利，亦可为与?

有终身之忧。人就是有勇，多少也必得有所准备。真有志，不在利害。

"昔者赵简子（晋大夫）使王良（善驾者）与嬖（bì，宠幸）奚（人名）乘，终日（一整天）而不获一禽。嬖奚反命（复命）曰：'天下之贱工也。'

"或以告王良，良曰：'请复之。'强（勉强）而后可。一朝（一上午）而获十禽，嬖奚反命曰：'天下之良工也。'简子曰：'我使掌（主）与女（汝）乘。'谓王良，良不可，曰：'吾为之范（法）我驰驱（法度之御，应礼之射），终日不获一；为之诡遇（不按御车之法，使与禽遇也），一朝而获十。《诗》（《小雅·车攻》）云："不失其驰（得其御法），舍矢（发箭）如破（发箭中而伤之）。"我不贯（惯）与小人乘，请辞!'

举例证明，使人易于明白。

"御者且羞与射者比（阿私）。比而得禽兽，虽若丘陵，弗为也。如枉道而从彼，何也? 且子过矣! 枉己者，未有能直

人者也。"

以直矫枉。己不能直，如何能直人？

7. 景春（人名）曰："公孙衍（纵横家）、张仪（纵横家），岂不诚（真）大丈夫哉！一怒（游说）而诸侯惧，安居（不动）而天下熄（烽火皆息）。"

看什么是"大丈夫"？能息止战争的烽火，使百姓能够安居，天下得以太平。

不论学什么，要将所学用得上，真能致用，对时代有贡献，而不是终日东批评、西批评的，愈弄愈乱。

孟子曰："是焉（安）得为大丈夫乎？子未学礼乎？丈夫（男子）之冠（行冠礼）也，父命（命字）之；女子之嫁也，母命之，往送之门（不下堂），戒（嘱咐）之曰：'往之（往后）女家，必敬（尊重）必戒（有所避讳），无违夫子（丈夫）！'以顺为正者，妾妇之道也。

女子有两个家：未嫁在家，出嫁在夫家。"男有分，女有归"（《礼记·礼运》），男的一半，加上女的一半，"夫妇一体"。

"必敬必戒"，"敬"，相敬如宾；"戒"，戒慎，知所避讳。昔有《女戒》。

"以顺为正"，夫妇之间，以顺为正，并非谁怕谁，而是相敬如宾。

"居（守）天下之广居（广居之地），立天下之正位（大居正），行天下之大道。

"居天下之广居"，守住天下广居之地，并不是称霸，《中庸》所谓"舟车所至，人力所通……凡有血气者，莫不尊亲，故曰配天"，与天相配；因天人同元，同元共生，故而尊生。此为"大一统"的观念。一统，元统，统于元之下。每个人都"独行其道"，天下就"见群龙无首，吉"。

"立天下之正位"，王者所立之位曰"正位"，《春秋》曰"大居正"，是由人立，非自己立。今天，为人民所立之位是民选领袖。

"行天下之大道"，"大道之行也，天下为公"（《礼记·礼运》）。

"得志，与（率）民由（从）之；不得志，独行其（己）道。

"得志"，率百姓行"天下为公"之道；"不得志"，"藏道于民"，教育大众。

"富贵不能淫（过分），贫贱不能移（移志），威武不能屈（志不屈）。此之谓大丈夫。"

不论在富贵、贫贱、威武的环境，都不改变自己所立的志。这就是"大丈夫"，多大的抱负！

8. 周霄（魏人）问曰："古之君子仕乎？"

孟子曰："仕。《传》曰：'孔子三月（喻久）无君（不得出仕），则皇皇如（心中不安）也。出疆（国境）必载质（贽）。'公明仪曰：'古之人，三月无君则吊。'"

《礼记·檀弓》："皇皇焉，如有求而弗得也。"

"三月无君则吊，不以急乎？"

曰："士之失位也，犹诸侯之失国家也。《礼》曰：'诸侯耕助（藉田），以供粢（zī）盛（上供稷稻）；夫人蚕缫（sāo），以为衣服（祭祀礼服）。牺牲（祭祀牲畜）不成，粢盛不洁，衣服不备，不敢以祭。惟士无田，则亦不祭。'牲杀、器皿、衣服不备，不敢以祭，则不敢以宴，亦不足吊乎？"

"出疆必载质，何也？"曰："士之仕也，犹农夫之耕也，农夫岂为出疆舍其耒耜哉？"

曰："晋国，亦仕国也。未尝闻仕如此其急；仕如此其急也，君子之难仕（不轻易出仕），何也？"

曰："丈夫生而愿为之有室，女子生而愿为之有家。父母之心，人皆有之。不待父母之命、媒妁（shuò）之言，钻穴隙相窥，逾墙相从，则父母国人皆贱之。

"古之人，未尝不欲仕也，又恶（讨厌）不由其道；不由其道而往者，与钻穴隙之类也。"

不由其道而仕，亦为人所贱也。

9. 彭更（孟子弟子）问曰："后车数十乘，从者数百人，以传食（辗转受人供养）于诸侯，不以泰（侈）乎？"

孟子阵容浩浩荡荡，传食于诸侯，得无为甚奢乎？

孟子曰："非其道，则一箪食不可受于人；如其道，则舜受尧之天下，不以为泰。子以为泰乎？"

曰："否。士无事而食，不可也。"

曰："子不通功易事，以羡（有余）补不足，则农有余粟，女有余布（分工互助之法）；子如通之，则梓匠（木工）轮舆（车工），皆得食于子。

"通功易事"，通人之功，交易其事。

孟子以人当分工合作，互通有无，乃可各以奉其用。

"于此有人焉，入则孝，出则悌，守先王之道，以待后之学者，而不得食于子。子何尊梓匠轮舆，而轻为仁义者哉？"

上德之士，修仁尚义，可以移风易俗，其功可珍，而不得食子之禄，何以尊彼而贱此也？

曰："梓匠轮舆，其志将以求食也。君子之为道也，其志亦将以求食与？"

曰："子何以其志为哉？其有功于子，可食而食之矣。且子食志乎？食功乎？"曰："食志。"

"食志"，志在求食，而予之食。

"食功"，因其有功于我，而予之食也。

曰："有人于此，毁瓦画墁（涂污），其志将以求食也，则子食之乎？"曰："否。"

曰："然则子非食志也，食功也。"

10. 万章问曰："宋，小国也。今将行王政，齐楚恶而伐之，则如之何？"

孟子曰："汤居亳，与葛为邻，葛伯放（放纵）而不祀。汤使人问之曰：'何为不祀？'曰：'无以供牺牲也。'汤使遗（wèi，同"馈"，赠送）之牛羊。葛伯食之，又不以祀。汤又使人问之曰：'何为不祀？'曰：'无以供粢盛也。'汤使亳众往为之耕，老弱馈（赠送）食。葛伯率其民，要（邀截）其有酒食、黍稻者夺之，不授者杀之。有童子以黍肉饷，杀而夺之。《书》曰：'葛伯仇饷。'此之谓也。

"葛伯仇饷"，葛伯以馈饷者为仇。汤师出有名。

"为其杀是童子而征之，四海之内皆曰：'非富天下（贪天下富）也，为匹夫匹妇复仇也。'汤始征，自葛载（始），十一征而无敌于天下。东面而征，西夷怨；南面而征，北狄怨，曰：'奚为后我？'民之望之，若大旱之望雨也。归市者弗止，芸者不变，诛其君，吊其民，如时雨（及时雨）降。民大悦。《书》曰：'徯（xī，等待）我后，后来其无罚。'

"奚为后我？"为何将我置后？喻盼望之切！

"徯我后，后来其无罚"，"后"，主事者。诸侯亦称后，《尚书·舜典》"班瑞于群后"。

"'有攸（所）不惟（念）臣，东征，绥（安）厥士女（男女），匪（筐）厥玄黄（黑色黄色币帛），绍（事）我周王见休（美），惟（念）臣附于大邑（尊词）周。'其君子（有位者），实玄黄于匪以迎其君子；其小人，箪食壶浆以迎其小人。救民于水火之中，取其残（残民）而已矣！

《太誓》（《尚书》篇名，记武王伐纣）曰：'我武惟扬（奋发扬武），侵于之疆，则取于残，杀伐用张（以张残伐），于汤有光（继汤行革命）。'不行王政云尔（如此）。

《易·革》曰："汤武革命，顺乎天而应乎人。革之时大矣哉！"

"苟行王政，四海之内，皆举首而望之，欲以为君。齐楚虽大，何畏焉！"

"王政"，天下归往之政，仁政。"君"，群之首。

11. 孟子谓戴不胜（宋大夫）曰："子欲子之王（宋王）之善与？我明告子：有楚大夫于此，欲其子之齐语也，则使齐人傅（教）诸（之乎）？使楚人傅诸？"曰："使齐人傅之。"

曰："一齐人傅之，众楚人咻（喧扰）之，虽日挞（责打）而求其齐也，不可得矣；引而置之庄岳（街里名）之间数年，虽日挞而求其楚，亦不可得矣。

"一齐人傅之，众楚人咻之，虽日挞而求其齐也，不可得矣"，学语文亦然，环境很重要，每天要能用上，熟才能生巧。

"性相近，习相远"，慎之！孟母三迁，在为子择居，寻找一好的学习、生长环境。

"子谓薛居州（宋国人），善士也。使之居于王所（在宋王左右）。

在于王所者，长幼卑尊，皆薛居州（皆善土）也，王谁与为不善？在王所者，长幼卑尊，皆非薛居州也，王谁与为善？一薛居州，独（将）如宋王何？"

"一薛居州，独如宋王何"，寡不敌众，也无可奈何。

蒋伯潜："盖环境移人，其力最大，故近朱者赤，近墨者黑；所谓蓬生麻西，不扶自直；白沙在泥，不染自黑也。"

12. 公孙丑问曰："不见诸侯何义？"

孟子曰："古者不为臣不见。段干木（魏人）逾垣而辟（避）之，泄柳闭门而不内（纳），是皆已甚（太过）。迫（迫切），斯可以见矣。

"阳货（阳虎）欲见孔子而恶无礼。大夫有赐于士，不得受于其家，则往拜其门。阳货瞰（伺）孔子之亡（不在家）也，而馈孔子蒸豚；孔子亦瞰其亡也，而往拜之。当是时，阳货先，岂得不见？

"曾子曰：'胁肩（耸着双肩）谄笑（奉承的笑），病于夏畦（夏天治畦灌田）。'

"子路曰：'未同（志不同）而言（与之言，则失言），观其色赧赧然（惭愧貌，不直失节），非由（子路名）之所知也。'由是观之，则君子之所养，可知已矣。"

"君子之所养"，养气，养正气，正能克邪。

"养"，本义：饲养。养孩子，素养，养廉。

养耻，寡廉鲜耻，"人不可以无耻。无耻之耻，无耻矣"（《孟子·尽心上》)。

13. 戴盈之（宋大夫）**曰："什一，去关市之征，今兹未能；请轻之，以待来年，然后已**（停止）**，何如？"**

"什一，去关市之征"，行什一之赋，去关市之税，今年不及行，待来年再行。

孟子曰："今有人日攘（偷）**其邻之鸡者，或告之曰：'是非君子之道。'曰：'请损**（减少）**之，月攘一鸡，以待来年，然后已**（止）**。'如知其非义，斯速已矣，何待来年？"**

如知非义之事，应当机立断，革除毛病，不必有所待也。

14. 公都子曰："外人皆称夫子好辩，敢问何也？"
孟子曰："予岂好辩哉！予不得已也。天下之生（苍生）**久矣，一治一乱。**

"天下之生久矣"，生，苍生，含刍狗在内。"天地不仁，以苍生为刍狗；圣人不仁，以百姓为刍狗"（《老子·第五章》）。

宋常星："刍狗之草，本是祭祀所用，燎帛之具也。祭祀则用，祭已则弃。天地之化育，及于万物，未尝不及于刍狗者。刍狗，虽是至贱，亦是万物中之一物。天地观刍狗，未尝不与万物同；观万物，未尝不与刍狗一样。一体同观，一般化育，天地以无心之心，不自有其仁，正是仁之至处，故曰'天地不仁，以万物为刍狗'。"

宋常星在顺治、康熙两朝为官，曾参与祭天，其《道德经讲义》此解可贵。

"刍狗"，乡下小路有嫩的小草，细而柔软，是万物中最不值钱的。百姓到秋冬，以之烧火易着。

"刍狗，虽是至贱，亦是万物中之一物"，天子替天行道，祭天用刍狗，告诉上帝，物尽其用，"一体同观，一般化育"。

"天下之生久矣"，天下万物生生不息，久矣！

"一治一乱"，天下总是"一治一乱"。"治起于衰乱之中"，大家盼望长治久安，历代总画"清明上河图"，即反映此一心理。

总是一治一辞，循环不已。百盼过"长治久安"的日子，平天下而天下平，能过上美好的生活。

奉元，求长治久安之术："通志除患，胜残去杀；智周道济，天下一家；强德未济，复奉元统"。

"当尧之时，水逆行，泛滥于中国，蛇龙居之。民无所定，下者为巢，上者为营窟。《书》曰：'泽（jiàng）水警余。'泽水者，洪水也。

"使禹治之，禹掘地而注之海，驱蛇龙而放之菹（水草地）。水由地中行，江、淮、河、汉是也。险阻既远，鸟兽之害人者消，然后人得平土而居之。

此一治一乱。

有天命、天时，以"灾异"警示，"天明畏自我民明威"（《尚书·皋陶谟》）。

人每天要修德，去掉老毛病，自省，自讼，"吾日三省吾身"，养好德，有德就能躲过劫。《了凡四训》："立命""改过""积善""谦德"。

"尧、舜既没，圣人之道衰。暴君代作。坏宫室（宫谓之室，室谓之宫，民居）以为污池（蓄水池），民无所安息；弃田以为园囿，使民不得衣食。邪说暴行又作（兴），园囿、污池、沛泽多而禽兽至。及纣之身，天下又大乱。周公相武王，诛纣伐奄（东方之国），三年讨其君，驱飞廉（纣臣）于海隅而戮之，灭国者五十；驱虎、豹、犀、象而远之，天下大悦。

此又一治一乱，直至清，历代皆如此。

"《书》（《周书·君牙》）曰：'丕（大）显（明）哉，文王谟（谋）！丕承哉，武王烈（功）！佑启（开导）我后人，咸（皆）以正（正道）无缺。'

"世衰道（天下为公）微，邪说暴行有（又）作（兴），臣弑其君者有之，子弑其父者有之。孔子惧（乱伦），作《春秋》。

此孟子谈孔子作《春秋》，注意思想，此为"师说"之所在。

孔子志在《春秋》，《春秋》应是讲孔子之志，所以绝非史书。

"世衰道微"，天下为公之大道衰微；"邪说暴行又作"，残暴杀戮行为层出不穷。据乱世一定如此，这是定律。

"臣弑其君者有之，子弑其父者有之"，当政者争权夺位，弑君弑父，逆伦之事时而有之。

"孔子惧"，惧此乱伦事，因为人性若毁，人伦丧失，大本必失根，如洪水猛兽，将一发不可收拾。

《春秋》，天子（行为即配天）之事也。是故孔子曰：'知（了解）我者，其惟《春秋》乎！罪我（说我不对）者，其惟《春秋》乎！'

此谈《春秋》是什么？说"《春秋》，天子之事"，天子，父天母弟，继天之志，述天之事，"生而不有，为而不恃"。天志尚公，"大道之行也，天下为公"，即《春秋》所要表达的天子之事。

《春秋》之术，"贬天子，退诸侯，讨大夫"，要建立制度，王制，天下归往之制：天下为公，选贤举能，"首出庶物，万国咸宁"。进而达"见群龙无首"，天下人人皆有士君子之行，人人皆是龙，进"大同"，华夏。

"知我者，其惟《春秋》乎！罪我者，其惟《春秋》乎！"了解我、批评我的，都因为《春秋》这部书。

《春秋》"以鲁当新王"，立一王之法，《春秋》是孔子的理想国，并不是一部史书。孔子是"素王"，有王之德，无王之位，将理想寄托于《春秋》，以俟后世诸有文德之王兴，可以实践此一理想，所以是"天子之事"。

此段思想，配合《离娄篇》"其事则齐桓晋文""其义则丘窃取之"看，就可知道孔子何以要作《春秋》。

"圣王不作（兴），诸侯放恣（放纵），处士横议（恣意议论），杨朱（战国初魏人，主张"贵己""重生"）、墨翟（前468—前376）之言盈（满）天下。天下之言，不归杨，则归墨。

"天下之言，不归杨，则归墨"，可见孟子的时代，杨、墨是显学。

"杨氏为我，是无君也；墨氏兼爱，是无父也。无父无君，是禽兽也。

文人相轻，自古如此。

孟子学说不如人，骂人"无父无君，是禽兽也"。

"杨氏为我，是无君也"，其实，杨氏为我，是大同世思想，人人为我，"拔一毛而为天下，不为也"。

"墨氏兼爱，是无父也"，墨氏兼爱，是爱无差等，大爱的精神。

"公明仪曰：'庖有肥肉，厩有肥马，民有饥色，野有饿莩，此率兽而食人也。'杨墨之道不息，孔子之道不著，是邪说诬民，充塞仁义也。仁义充塞，则率兽食人，人将相食。

"吾为此惧，闲先圣之道，距杨墨，放淫辞。邪说者不得作；作于其心，害于其事；作于其事，害于其政。圣人复起，不易吾言矣。

"昔者禹抑（遏止）洪水而天下平；周公兼（德化）夷狄，驱猛兽而百姓宁（安宁）；孔子成《春秋》，而乱臣贼子惧。

大禹平治洪水、周公德化夷狄、孔子作《春秋》，三圣相承。

"乱臣贼子"，乱制之下，家天下之臣，贼民害人。

"孔子成《春秋》，而乱臣贼子惧"，何以如此？因为惧《春秋》一出，其"天下为公"的思想使百姓明白家天下之私。

《史记·太史公自序》："昔孔子何为而作《春秋》哉？太史公曰：余闻董生曰：周道衰废，孔子为鲁司寇，诸侯害之，大夫壅之"，可见孔子当时的处境有多难！"孔子知言之不用，道之不行也，是非二百四十二年之中，以为天下仪表"，作《春秋》，以为天下的仪表，《春秋》为礼义之大宗。"贬天子，退诸侯，讨大夫"三个手段，是为了"达王事而已矣"，达天下所归往之事，天下太平是人人所期盼的。

《春秋》首书"元年，春，王正月"，人道之始，立一王之法，新王之制，即王制，百姓归往之制。

孔子"有教无类"，民间私塾教育，家家有书香。家天下的乱制，兄终弟及，有教有类，国子监教育，王侯将相之学。

"《诗》（《鲁颂·闷宫》）云：'戎狄是膺（讨伐），荆舒是惩（惩罚），则莫我敢承（无人敢挡我）。'

"戎狄"，"夷、夏"相对，是以文化分：夏，礼义，即"中"，也就是"性"，性为体，中为用。"中国"，礼义之国，

"荆舒"，"荆"，楚国；"舒"，舒国。楚有文化，但没有礼义道德，故"夷狄之"，"不与同中国"（《大学》）。

"则莫我敢承"，无人敢挡我。要使没有礼义地方，同化夷狄而教之，"入中国则中国之"（韩愈《原道》），则"夷狄进至于爵，远近大小若一"（《春秋公羊传·昭公十二年》），一天下。

"无父无君，是周公所膺（讨伐）也。我亦欲正人心，息（止）邪说，距诐（bì）行（偏颇不正行为），放淫（过分）辞，以承三圣者；岂好辩哉？予不得已也。能言距（同"拒"）杨墨者，圣人之徒也。"

"无父无君，是周公所膺"，周公讨三监，平武庚。

"我亦欲正人心，息邪说，距诐行，放淫辞，以承三圣者"，孟子自许之高，以"承三圣"为志。

"能言拒杨墨者，圣人之徒也"，自此看出孟子之器小哉！

其实，"杨子为我"，人人为我，大家都能自立，又何必人家接济？"墨子兼爱"，爱无差等，没有分别心，是大爱。

孟子思想焉能与孔子相比拟？孔子思想"道并行而不悖"，"大德敦化"，海纳百川，开启百家争鸣的思想黄金时代。孟子"拒杨墨"，排除异己。

孟子谈王道，但不明大道，故有时成为大盗的护符。朱子承其说，以"邪说害正，人人得而攻之"，攻击异端，使诸子之学得不到正视。

我们不攻击异端，称"夏学"，一律吸收，兼容并蓄，开奉元宗，再启百家争鸣，要复中国文化的本来面目。

15. 匡章（齐人，孟子弟子）曰："陈仲子（齐人），岂不诚廉士哉！居于陵（地名），三日不食，耳无闻，目无见也。井上有李（李子），螬（cáo，小虫）食实者过半矣，匍匐（pú fú，以手、足着地向前爬行）往将食之（形容饿极），三咽（吞食），然后耳有闻，目有见。"

孟子曰："于齐国之士，吾必以仲子为巨擘（大拇指，喻杰出）焉。虽然，仲子恶（何）能廉？充（推而极之）仲子之操（操守），则蚓而后可者也。夫蚓，上食槁壤（干泥），下饮黄泉。仲子所居之室，伯夷之所筑与？抑亦盗跖（zhí，古时大盗）之所筑与？

所食之粟，伯夷之所树与？抑亦盗跖之所树与？是未可知也。"

曰："是何伤哉！彼身织屦（自编麻鞋），妻辟（绩麻）纑（自纺练麻），以易之也。"

曰："仲子，齐之世家也。兄戴，盖禄万钟。以兄之禄为不义之禄而不食也，以兄之室为不义之室而不居也，辟（避）兄离母，处于于（yú）陵。他日归，则有馈其兄生鹅者，己频颦（同"蹙"，皱眉）曰：'恶（何）用是鶃鶃（yì，鹅鸣声）者为哉？'他日，其母杀是鹅也，与之食之。其兄自外至，曰：'是鶃鶃之肉也。'出而哇（wā，呕吐）之。以母则不食，以妻则食之；以兄之室则弗居，以于陵则居之。是尚为能充其类也乎？若仲子者，蚓而后充其操者也。"

朱注引范氏曰："天之所生，地之所养，惟人为大。人之所以为大者，以其有人伦也。仲子避兄离母，无亲戚、君臣、上下，是无人伦也。岂有无人伦，而可以为廉哉？"

离娄上

1. 孟子曰："离娄（古之明目者，黄帝时人）之明，公输子（鲁班，能造机器）之巧，不以（用）规矩，不能成方员（圆）。

"规"，画圆；"矩"，画方。虽有离娄之明、公输子之巧，是天下至明、至巧，亦犹须规矩，"不以规矩，不能成方圆"。

孔子"吾道一以贯之"，"六经"是通人之规矩。汉时，通"六经"之人称"通人"。

"师旷（乐太师）之聪，不以（本）六律，不能正五音。

六律，定音的竹管，后以铜为之。古人用十个长度不同的律管，吹出十二个长度不同的标准音，以确定乐音的长短，称十二律。律分阴阳，奇数六为阳律名曰"六律"；偶数六为阴律名曰"六吕"。合称律吕。六律为黄钟、太簇、姑洗、蕤宾、夷则、无射；六吕指大吕、夹钟、仲吕、林钟、南吕、应钟。

五音，又称五声。最古的音阶，仅用五音，即宫、商、角、徵、羽。通常以"宫"作为音阶的第一级音，也是最重要的一个音级，有时借代"五音"。二变：变徵，角音与徵音之间的乐音；变宫，羽音与宫音之间的乐音。

"六律"，定音器；"五音"，音阶。虽以师旷之精通乐音，不以六律也不能正五音。

这就是以本为要，本立而道生，否则纵使有明、巧、聪，亦不能成事。

"尧舜之道，不以仁政，不能平治天下。

尧舜之道，就是"仁政"。尧舜不以仁政，亦不能用平治天下。

"今有仁心仁闻（声闻），**而民不被**（披，蒙受）**其泽**（恩泽），**不可法于后世**（成为后世的法则）**者，不行先王之道也。**

"仁"，元，"元者，善之长也（《易·乾·文言》）"，"君子体仁，足以长人"，仁者爱人，"仁心"，爱人之心。"仁闻"，声闻过情，就成"闻人"，貌似而神违，是"色庄"；"色庄"，"伪仁者"。

没有仁心，只有仁闻，何以如此？因"民不被其泽"，口惠而实不至，百姓不能蒙受恩泽。"不行先王之道也"，光说不练，所行根本非先王之道。

"先王"，自家系统。"先王之道"，《孝经·开宗明义》："先王有至德要道，以顺天下，民用和睦。"

"故曰：'徒（仅）**善不足以为政，徒法不能以自行。'**

光有道德、法令，不能落实，也不能行政。

"《诗》(《大雅·嘉乐》)云：'不愆 (过失) 不忘 (遗忘)，率 (顺) 由旧章 (典章制度)。'遵先王之法而过者，未之有也。

顺先王的典章制度，一切有了法度，则行事少有过错、失误。

"过"，人间没有真是非；是非，皆人之主观，公说公有理，婆说婆有理。

定是非，应有一准则，四海皆以之为准。

"圣人既竭 (用尽) 目力焉，继之以规矩准绳，以为方员平直，不可胜用也。

"规"，测圆；"矩"，测方；"准"，测平；"绳"，测直。有了规、矩、准、绳，则方、圆、平、直可得审知，故其用无穷。

"既竭耳力焉，继之以六律正五音，不可胜用也；既竭心思焉，继之以不忍人之政，而仁覆 (遍及) 天下矣。

音，须律而定，"以六律正五音"。

仁心，必行"不忍人之政"，可以"仁覆天下"。

"仁覆天下"，天无私覆，地无私载，行仁政，"仁者无不爱也"，则仁可以遍及天下。

"故曰：'为高必因丘陵，为下必因川泽。'为政不因先王之道，可谓智乎？

"因"，乘势，因势利导，则用力少而成功多，可以收事半功倍之效，故"为高必因丘陵，为下必因川泽"。

"为政不因先王之道，可谓智乎"，焉得智？因而不失其新，"殷因于夏礼，所损益，可知也；周因于殷礼，所损益，可知也"（《论语·为政》），存三统，损益，因之道，智也；"其或继周者，虽百世可知也"，"乐其贯于百王而不灭，名与日月并行而不息"（何休注《春秋公羊传》）。

"是以，惟仁者宜在高位。不仁而在高位，是播其恶于众也。

"是以"，因为这样，所以。

"惟仁者宜在高位"，若是不仁，倒行逆施，不仁而在高位，"是播其恶于众也"。

"上无道揆（法度）也，下无法守（守道）也。朝（朝廷）不信道（先王之道），工（百工）不信度（规矩制度）。君子（有地位者）犯义，小人犯刑，国之所（或）存者，幸也。

"上无道揆"，在位者没有以道为法度；"下无法守"，那下面就没法以道为守。

"朝不信道"，朝廷不信守先王之道；"工不信度"，百工不信守规矩绳墨。

"君子犯义"，有地位的不信道而犯义之所禁；"小人犯刑"，一般人不信法度而触刑。如此一来，国家只是幸存而已。

"故曰：'城郭不完（完备），兵甲不多，非国之灾也；田野不辟（开辟），货财不聚，非国之害也。上无礼，下无学，贼民兴，丧无日矣。'"

城郭不完备，兵器不多，非国家灾难；田野不开辟，货财不聚拢，非国家祸害。

"上无礼，下无学"，上不依理行事，下不学无术，道义不明，不闻礼教，而入罪服刑，"贼民兴"，则国危，"丧无日矣"！

"《诗》（《大雅·板》）曰：'天之方蹶（jué，跌倒），无然泄泄（yì，多言）。'泄泄，犹沓沓（言多而失）也。事君无义，进退无礼，言则非先王之道者，犹沓沓也。

无义无礼，背弃先王之道，而不相匡正。

"故曰：'责难于君谓之恭，陈善闭邪谓之敬，吾君不能谓之贼。'"

"恭"，责君"恭己正南面而已矣"（《论语·卫灵公》）。"敬"，为臣"君有大过则谏"，"闲邪存其诚"（《周易·乾·文言》）。"贼"，说国君不能，是害其君自暴自弃。

2.孟子曰："规矩，方员之至（至高境）也；圣人，人伦（伦常）之至（至上）也。欲为君，尽君道；欲为臣，尽臣道：二者皆法尧舜（君臣之至也）而已矣。

"规矩，方员之至也"，画方、画圆都离不开规矩。
"圣人，人伦之至也"，圣人是人伦的至上标准。"人伦"，"君子之道，造端乎夫妇"（《中庸》），"有夫妇，然后有父子；有父子，然后有君臣，然后有上下"（《易·系辞下传》），没有夫妇，就没有五伦。

"欲为君，尽君道；欲为臣，尽臣道"，尧、舜，是君臣之至；"二者皆法尧舜而已矣"，君道、臣道，都效法尧舜而已矣。

"不以（用）舜之所以事尧事君，不敬其君者也；不以尧之所以治民（之道）治民，贼（残害）其民者也。

历代皆"致君尧舜"，以尧、舜作为帝王典范，《尚书》有《尧典》《舜典》，二典即"帝典"。

"孔子曰：'道二：仁与不仁而已矣（一体两面）。'暴其民甚，则身弒国亡（周幽王）；不甚，则身危国削（削弱）。名之曰'幽''厉'（死后谥号），虽孝子慈孙，百世不能改也。

"道二"，一体的两面，"仁与不仁"。

"幽""厉"，恶谥，"虽孝子慈孙，百世不能改也"，留下千古骂名。

"《诗》（《大雅·荡》）云'殷鉴不远，在夏后之世'，此之谓也。"

"殷鉴不远"，夏以商为鉴，知所警戒！

由此可见：立德为要。一个"私"字，害尽天下苍生，就是有孝子慈孙，也不能去掉你的"恶名昭彰"。

离娄上

3. 孟子曰："三代（夏、商、周）之得天下也以仁，其失天下也以不仁。国之所以废兴存亡者亦然：天子不仁，不保四海；诸侯不仁，不保社稷；卿大夫不仁，不保宗庙；士庶人不仁，不保四体。

"在周之兴，养老乞言；及其已衰，谤者使监。成败之迹，昭哉可观"（韩愈《子产不毁乡校颂》），国之兴亡，成败之迹，昭然可见。这些都是定理，实验的结果。

看《二十六史》，历史留下多少成败兴亡、政权更迭的血腥史。

"今恶（厌）死亡而乐（喜）不仁，是犹恶醉而强酒。"

"恶死亡而乐不仁"，犹"恶醉而强酒"，强酒必醉。

《易》最后一爻，"饮酒濡首，亦不知节也"（《易·未济》），因喝酒不知节制而出尽洋相，留下"酒品不佳"的形象。

可见"知节"是多么重要！就因"不知节"，所以有《二十六史》，一部部兴亡史。

4. 孟子曰："爱人不亲，反（反省）其（自己）仁；治人不治，反其智；礼人不答，反其敬。

"爱人不亲"，我爱人而人不亲我，反省：是否自己仁行得不够？

"治人不治"，治人达不到目的，反省：是否我的智慧有问题？

"礼人不答"，向人行礼，人家不答礼，反思：是否自己不够诚敬？

"行有不得者，皆反求诸己，其身正而（能）天下归之（天下所归往）。

"行有不得"，一切皆反求诸己，严以责己，必先正己，而后能正人，"身正而天下归之"。只要自己身正，就不怕影子斜。

《诗》（《大雅·文王》）云：'永言（念）配命，自求多福。'"

"永言配命"，念念不忘，与天命相配。"自求多福"，行道就是福，要自求多福。

5. 孟子曰："人有恒言（人常说），皆曰'天下国家'。天下之本在国，国之本在家，家之本在身。"

此即一部《大学》，齐家治国平天下，以修身为本，本立而道生。

6. 孟子曰："为政不难，不得罪于巨室（世臣大家）。

"巨室"，世家大族。
孔子，天下第一大世家。《史记》列孔子于"世家"，太史公曰："孔子布衣，传十余世，学者宗之。"

"巨室之所慕（思），一国慕之；一国之所慕，天下慕之；故沛然（广大普遍貌）德教溢（充满）乎四海。"

"沛然德教溢乎四海"，沛然莫之能御，"德教加于百姓"，满溢于四海。孔子行德教。

7. 孟子曰："天下有道，小德役大德，小贤役大贤；天下无道，小役大，弱役强。斯二者天（理与势）也。顺天者存，逆天者亡。

有道之世，小德、小贤乐为大德、大贤役；无道之世，"小役大，弱役强"。

"天下有道，则礼乐征伐自天子出；天下无道，则礼乐征伐自诸侯出"（《论语·季氏》），"五霸者，搂诸侯以伐诸侯者也"（《孟子·告子下》）。

"齐景公曰：'既不能令，又不受命，是绝物（含人、事、物）也。'涕出而女（nì，嫁也）于吴。

"既不能令，又不受命，是绝物也"，乃自绝于人也。

"涕出而女于吴"，时吴强，齐涕泣与吴联姻。

"今也小国师大国而耻受命焉，是犹弟子而耻受命于先师也。

"小国师大国"，效大国之般乐怠傲，而不修德政。

"如耻之，莫若师文王。师文王，大国五年，小国七年，必为政于天下矣。

周文王以百里起家。

"《诗》（《大雅·文王》）云：'商之孙子，其丽（数）不亿。上帝既命，侯（惟）于周服。侯服于周，天命靡（无）常。殷士肤敏（形容其仪容之美），裸（灌）将（助）于京。'

商、周政权更迭，殷成周的"三统"，象征"天命无常"，"常服黼冔（fǔ xǔ，殷冠），王之荩（进）臣"（《大雅·文王》），殷后助祭于周京，而服商之服，于是呼王之"荩臣"，言其忠爱之笃，进进无已也。

"孔子曰：'仁不可为众也。'夫国君好仁，天下无敌。

"仁不可为众也"，仁不在于人多。

仁，二人，有对方存在，相互亲爱，表现出即是"仁"，《说文》云："仁，亲也。"己欲立而立人。

"好仁"，"仁者无敌"，谁与之为敌？

"今也欲无敌于天下，而不以仁，是犹执（拿）热而不以濯（水洗）也。《诗》（《大雅·桑柔》）云：'谁能执热，逝（语助词）不以濯？'"

"欲无敌于天下，而不以仁"，光好仁，而不以仁行仁，如何能无敌于天下？

"人能弘道，非道弘人"（《论语·卫灵公》），事在力行之。

"犹执热而不以濯"，如同要拿热的东西，不先用冷水浇凉一下，能行？

8.孟子曰："**不仁者，可与言（讲善言、善道）哉？安其危（危境）而利其灾，乐其所以亡（亡之道）者。**

"安其危"，在刀尖上跳舞而犹不知；"利其灾"，遭遇灾祸尚以为有利；"乐其所以亡"，遭逢险境，还以为是在乐土。

"不仁而（能）可与言，则何亡国败家之有？

不仁，如还能与他言善道，那又怎会亡国败家？

"有孺子（童子）歌曰：'沧浪之水清兮，可以濯我缨（帽上丝带）；沧浪之水浊兮，可以濯我足（脚）。'孔子曰：'小子听之！清斯濯缨，浊斯濯足矣，自取之（咎由自取）也。'

"清斯濯缨，浊斯濯足"，清水就用来洗帽，浊水就用来洗脚。
"自取之也"，"自"字慎之！自令清浊。人的好坏，都在自己，或自求多福，或自取其辱，皆咎由自取也。

"夫人必自侮，然后人侮之；家必自毁，而后人毁之；国必自伐（打内战，内乱），而后人伐之。

"自侮""自毁""自伐"，而后人侮之"毁之""伐之"，都是自找的。
内斗、内乱，不用敌人来，就自亡了！

"《太甲》曰：'天作孽，犹可违（避）；自作孽，不可活。'此之谓也。"

"自作孽，不可活"，自己造孽，使自己"不可活"。人要知耻，就近乎勇。

权势皆不可靠，最可靠的是自己。只要自己有点能，就能生存，必自己去奋斗，不要有依靠的心理。国家富有，有时还吃赤字。

我有今天，真要感谢我母亲，从小养成习惯，吃饱就看书；累了，写字、画画是休息。

以前人讲究到了极点，一讲究，极为麻烦。天气一变，就要换几次衣服。一花钱，就得出门，哪有时间干正经事？

富贵是过眼烟云，应重德不重财。找对象，就看对方能干什么，不要看他父亲是谁、家境如何。穷人，是从富人来的；富人，是由穷人奋斗变的。少年富，从小就不懂得做什么。"少年贫，不算贫；老年贫，贫死人"。

一个人自小就要有家教，千万不要因家境好尽量养毛病，一旦有了家变，就深受其害。

"自作孽，不可活"，学会抽烟、喝酒，到哪儿皆犯瘾。喝咖啡，愈喝愈讲究，到哪儿都离不开，一天没喝就没精神。

我什么都尝过，但说收就收，绝不自己找罪受。

9.孟子曰："桀纣之失天下也，失其民也；失其民者，失其**心也。**

失民心，则天下叛，"箪食壶浆，以迎王师"。

"得天下有道：得其民，斯得天下矣；得其民有道：得其心（民心），**斯得民矣。**

"得天下有道"，得民心者得天下，民心就是天心。

"得其心有道：所欲与之聚之，所恶勿施尔也。

得人心有道：己所欲，施于人；己所不欲，勿施于人。

"民之归仁也，犹水之就下、兽之走圹（旷野）也。

水，往下流；兽，活动于旷野。

"故为渊驱（赶）鱼者，獭也；为丛驱爵（雀）者，鹯（zhān）也。

水獭，以鱼类为食，似为渊驱鱼。
鹯，常击燕雀食之，如为草丛驱雀。

"为汤武驱民者，桀与纣也。今天下之君有好仁者，则诸侯皆为之驱矣。虽欲无王（王天下），不可得已。

"驱民"，驱赶民众。王者，民之所归，如何不王天下？

"今之欲王者，犹七年之病求三年之艾（干艾草）也；苟为不畜（收藏），终身不得。苟（诚）不志于仁，终身忧辱，以陷于死亡。《诗》（《大雅·桑柔》）云'其何能淑（善）？载（则）胥（相）及溺'，此之谓也。"

"七年之病，求三年之艾"，治久病，必求陈艾；"苟为不畜，终身不得"，平时就要有备，否则终身不可得！
"其何能淑？载胥及溺"，今之所为，何能善？就相溺而死。
这就告诉我们：凡事，平时就要有备，有备可以无患。不可以乱花钱，平时要有储蓄，才不会临危机时、遇燃眉之急时就要跳楼。

10. 孟子曰："自暴（害）者，不可与有言（善言）也；自弃者，不可与有为也。言非（诽谤）礼义，谓之自暴也；吾身不能居（守）

仁由（从）义，谓之自弃也。

"自暴者"，一个自害的人，"不可与有言"，不可与他言善道。

"言非礼义"，说话不合礼，动辄出言诽谤、诬蔑，"谓之自暴也"。

"自弃者"，看不起自己，"不可与有为"。"吾身不能居仁由义，谓之自弃也"，说自己不能守仁从义。

"仁，人之安宅也；义，人之正路也。旷（空）安宅而弗居，舍正路而不由，哀哉！"

"仁，人之安宅也"，只要有爱心，到哪儿都被人爱，"由仁义行"，正道也。

"义，人之正路也"，只要行为合宜，就是走上正路。

"旷安宅而不居，舍正路而不从"，旷仁舍义，真是哀哉！

此章证明孟子之学，明道与仁义。明道与读书是两回事。明道不是不知，而是不能行。

11.孟子曰："道在尔（迩，近）而求诸（之于）远，事（人事）在易（平易中）而求之难。

"道在近"，不必求诸远，舍近求远，"率性之谓道"，自性即佛。"佛，觉也"，佛在家中坐，何必远烧香？

"事在易"，事在平易中，不必"求之难"，看得很困难！

天下事，就"易简"，"易则易知，简则易从"（《易·系辞上传》），天下易简之理得，而"成"位乎其中矣！

离娄上

119

"人人亲其（自己）亲，长其长，而天下平。"

人人亲己亲，长己长，孝顺父母，友爱兄弟，"家齐而后国治，国治而后天下平"（《大学》）。

我们奉元，就是要求得天下平。平天下而天下平，用什么步骤能达成？"人人亲其亲，长其长，而天下平"，"君子笃恭而天下平"（《中庸》）。

何以天下大乱？因为每个人都侵害了别人，都看别人不顺眼，没有人检讨自己的错误，交相指责而争吵不休。

《礼记·礼运》说："人不独亲其亲，不独子其子，使老有所终，壮有所用，幼有所长，矜寡孤独废疾者，皆有所养。男有分，女有归。货恶其弃于地也，不必藏于己；力恶其不出于身也，不必为己。是故谋闭而不兴，盗窃乱贼而不作，故外户而不闭，是谓大同。"

要如何能达华夏大同？《春秋》分三世，据乱世、升平世、太平世，行之以渐，著治太平，达天下平。

21世纪，奉元有雄心，要奉元行事，再起百家争鸣，乘势而起，达到华夏、大同。大家要一起努力，不要看轻自己，要相信自己。

12. 孟子曰："居下位而不获于上，民不可得而治也。获于上有道：不信于友，弗（不）获于上矣。信于友有道：事亲弗悦，弗信于友矣。悦亲有道：反身不诚，不悦于亲矣。诚身有道，不明乎善，不诚其身矣。

焦循："事上得君，乃可临民；信友悦亲，本在于身。"

"上下"，即主从，办事有主有从。"朋友信之"（《论语·公冶长》），"主忠信"（《论语·学而》），"忠信所以进德也"，"居上位而不骄，在下位而不忧"（《易·乾·文言》）。

"诚身有道，不明乎善，不诚其身矣"，"元者，善之长也"，"继之者，善也"（《易·系辞下传》），明善，长善救己失。自诚，自明。

"是故诚者，天之道也；思诚者，人之道也。至诚而不动者，未之有也；不诚，未有能动者也。"

《中庸》曰："诚者，天之道也；诚之者，人之道也。诚者，不勉而中不思而得，从容中道，圣人也；诚之者，择善而固执之者也。"

"至诚而不动者，未之有也"，"天何言哉？四时行焉，百物生焉，天何言哉？"（《论语·阳货》）在行不在言，默默中就有力量。

13. 孟子曰："伯夷辟（避）纣，居北海之滨，闻文王作，兴曰：'盍（何不）归乎来！吾闻西伯善养老者。'太公辟纣，居东海之滨，闻文王作，兴曰：'盍归乎来！吾闻西伯善养老者。'二老者，天下之大老也，而归之，是天下之父归之也。天下之父归之，其子焉往？诸侯有行文王之政者，七年之内，必为政于天下矣。"

焦循："养老尊贤，国之上务，文王勤之，二老远至。父来子从，天之顺道。七年为政，以勉诸侯，欲使庶几于行善也。"

14. 孟子曰："求（冉求）也为季氏宰（家臣），无能改于其德，而赋（取）粟倍他日。孔子曰：'求，非我徒也，小子鸣鼓而攻之（鸣鼓攻过）可也。'由此观之，君不行仁政而富之，皆弃于孔子者也。

焦循："聚敛富君，弃于孔子。冉求行之，固闻鸣鼓。"

弟子所行不义，孔子要"鸣鼓攻过"，使他自愧！
我常说同学，就是为了提醒。

"况于为之强战？争地以战，杀人盈野；争城以战，杀人盈城。此所谓'率土地而食人肉，罪不容于死'！

焦循："以战杀民，土食人肉，罪不容死，以为大戮，重人命之至也。"

"故善战者，服上刑（重刑）；连（交连，合纵）诸侯者，次之；辟（开辟）草莱、任土地者，次之。"

"善战者，服上刑"，"杀人之众，以哀悲泣之，战胜以丧礼处之"，兵凶战危，"兵者，不祥之器，非君子之器，不得已而用之"，"胜而不美，而美之者，是乐杀人"。（《老子·第三十一章》）
"《春秋》无义战"，战，哪有义可言？
恶战，反战，"天德好生"。人为何要杀、要战，互相残害？

15. 孟子曰："存（在）乎人者，莫良于眸子（眼中的瞳神）。眸子不能掩其恶。胸中正，则眸子瞭（liǎo，明亮）焉；胸中不正，则眸子眊（mào，目不明）焉。听其言也，观其眸子，人焉廋（匿）哉？"

焦循："目为神候，精之所在，存而察之，善恶不隐，知人之道，斯为审矣。"

此孟子谈观人术："听其言也，观其眸子，人焉廋哉？"眼睛会说话，骗不了人！

孔子观人之道："视其所以，观其所由，察其所安。人焉瘦哉？人焉廋哉？"（《论语·为政》）

16. 孟子曰："恭者不侮人，俭者不夺人。侮夺人之君，惟恐不顺（人不顺己）焉，恶得为恭俭？

"恭者"，恭己者，"正南面而已矣"（《论语·卫灵公》），不侮人。政者，正也，人必自正而后能正人。

"俭"，不同于吝，是自己有而不用。俭以养廉，廉，当然"不夺人之所有"。

"恭、俭，岂可以声音笑貌为哉？"

"恭、俭"，是表现于自身行为上的，哪是可以"声音笑貌"伪为的？

焦循："人君恭俭，率下移风；人臣恭俭，明其廉忠；侮夺之恶，何由干之，而错其心？"

17. 淳于髡（齐人）曰："男女授受不亲，礼（经礼）与？"

孟子曰："礼也。"

曰："嫂溺，则援之以手乎？"曰："嫂溺，不援，是豺狼也。男女授受不亲，礼也；嫂溺援之以手者，权也。"

"嫂溺不援，是豺狼也"，"嫂溺援之以手者，权也"，反经而善。"权者，反于经，然后有善者也。"（《春秋公羊传·桓公十一年》）

曰："今天下溺矣，夫子之不援，何也？"曰："天下溺，援之以道；嫂溺，援之以手。子欲手援天下乎？"

"经"与"权"之分野，权高于经，行权必反于经。

焦循："权时之义，嫂溺援手。君子大行，拯世以道，道之指也。"

18. 公孙丑曰："君子之不教子（不亲教子），何也？"

何以父不亲教子？

孟子曰："势不行也。教者必以正；以正不行，继之以怒；继之以怒，则反夷（伤）矣。

"势不行也"，就事实情势而言，根本不可行。

"教者必以正"，《易·蒙》："蒙以养正，圣功也。"启蒙师重要在此。

"以正不行，继之以怒；继之以怒，则反夷"，父子之间不责善，责善则离，伤恩莫大于是。

"'夫子教我以正，夫子未出于正也。'则是父子相夷也。

父子相夷，则恶矣。

小子说："夫子教我以正，夫子未出于正也"，父教子而怒，子心生不满。

"身教重于言教"，言教，父子相伤，则伤父子之情。

"古者易子而教之。父子之间不责善。责善则离，离则不祥莫大焉。"

"易子而教"，不亲自教，请老师教，有启蒙师，父给戒尺。"所以全父子之恩，而亦不失其为教。"（朱注）

"父子之间不责善"，责善，求全责备，乃朋友之道，互相切磋督责，以期美善。

"责善则离"，父子责善，会伤父子之情而相离，"离则不祥莫大焉"，乃最不祥之事。

焦循："父子至亲，相责离恩。易子而教，相成以仁，教之义也。"

19. **孟子曰："事孰为大？事亲为大；守孰为大？守身为大。不失其（己）身而能事其亲者，吾闻之矣；失其身而能事其亲者，吾未之闻也。孰不为事？事亲，事之本也；孰不为守？守身，守之本也。**

"事亲为大"，"孝，德之本也，教之所由生也"（《孝经·开宗明义》）。

"守身为大"，"身体发肤，受之父母，不敢毁伤，孝之始也。立身行道，扬名于后世，以显父母，孝之终也"（《孝经·开宗明义》）。

"事亲，事之本也；守身，守之本也"，重本之道，"先王有至德要道，以顺天下，民用和睦，上下无怨"，"始于事亲"，"终于立身"（《孝经·开宗明义》）。

"曾子养曾晳（曾点，孔门弟子），必有酒肉，将彻（将所剩酒食取去），必请所与（给谁）；问有余，必曰'有'（虽无亦曰有，不拂亲意）。

养父母，"养"去声。有别于"养宠物"。

"孝"，《说文》云："善事父母者。"从老，从子，子承老也。父在，称"孝"；父没，称"考"。

曾子是孝子，传《孝经》。

"曾晳死，曾元（曾子儿子）养曾子，必有酒肉，将彻，不请所与；问有余，曰'亡（无）矣'，将以复进（父需则再烹饪以进）也。此所谓养口体者也。

曾元养曾子，是"养口体"，口体之养，下孝养体。

"今之孝者，是谓能养。至于犬马，皆能有养；不敬，何以别乎？"（《论语·为政》）养父母，与养犬马，两者有别，在一"敬"字。

"若曾子，则可谓养志也。事亲若曾子者，可也。"

曾子养曾晳，是"养志"，上孝养志。

20.孟子曰："人（君所用之人）不足与（以）适（谪，责也）也，政（施政）不足间（谏）也。惟大人（大德之人）为能格（正）君心之非（尤）。

此谈谏君。

"大人者，不失其赤子之心"（《离娄下》），故能正君心之非。

"君仁，莫不仁；君义，莫不义；君正，莫不正。一正君，而国定矣。"

君，群之首，一国之表率，"君仁，莫不仁；君义，莫不义"，君由仁义行，则天下无不仁、不义。

"君正，莫不正"，"子率以正，孰敢不正"，"君子之德风，小人之德草；草上之风，必偃"（《论语·颜渊》）。

"一正君，而国定矣"，君正，国定，下不邪侈。

诚意正心，修身齐家，治国平天下，一部《大学》。

宰相需用读书人。读圣贤书，所学何事？养浩然气，读有用书。

21. 孟子曰："有不虞之誉，有求全之毁。"

蒋伯潜："在己得之，不足喜；在人得之，不足贵也。在己得之，反可喜；在人得之，亦未可以是轻之。若是出于恶意，则是吹毛求疵。"

"不虞之誉"，意料不到的名誉。"虞"，度，意料所及。

"求全之毁"，求全责备，吹毛求疵，让人受不了！"事君数，斯辱矣，朋友数，斯疏矣"（《论语·里仁》）。

焦循："君子正行，不由斯二者也。"

22. 孟子曰："人之易（轻易）其言也，无责耳矣。"

言出于身，驷不及追。"易其言"，随口而出，不知轻重。

尽说风凉话，喜唱高调，大言不惭，光说不练，不负责任。"有德者必有言，有言者不必有德。"（《论语·宪问》）

23. 孟子曰："人之患（害）在好为人师。

朱注引王勉曰："好为人师，则自足而不复有进矣，此人之大患也。"

"温故而知新，可以为师矣"（《论语·为政》），"师者，人之模范"（《法言·学行》），经师易求，人师难得。

24. 乐正子（孟子弟子）从于子敖（王驩）之（往）齐。乐正子见孟子。孟子曰："子亦来见我乎？"曰："先生何为出此言也？"

曰："子来几日矣？"曰："昔昔（前日）。"曰："昔昔，则我出此言也，不亦宜乎？"

前日来到，今天才见，我出此言，不对吗？

曰："舍馆（客舍）未定。"曰："子闻之也，舍馆定，然后求见长者乎？"

见长者，须馆舍定才见？

曰："克（乐正子名）有罪。"

乐正子谢过服罪。

朱注引陈氏曰："乐正子固不能无罪矣，然其勇于受责如此，非好善而笃信之，其能若是乎？世有强辩饰非，闻谏愈甚者，又乐正子之罪人也。"

25. 孟子谓乐正子曰："子之从于子敖来，徒铺（bū，食）啜（chuò，饮）也。我不意（出乎意料）子学古之道，而以铺啜也。"

"学而优则仕"（《论语·子张》），仕以行道。
学而不行道，徒饮食而已，谓之"铺啜"。

蒋伯潜："乐正子与王驩同行，决不是真的为了饮食，孟子不过借此责问他罢了。"

26. 孟子曰："不孝有三，无后为大（重要）。舜不告而娶，为无后也；君子以为犹告也。"

"不孝有三"：阿意曲从，陷亲不义，一不孝也；家贫亲老，不为禄仕，二不孝也；不娶无子，绝先祖嗣，三不孝也。

"无后为大"，"父母生之，续莫大焉"（《孝经·圣治》），延续生命，继志述事，有责任感。

以前，中国人重男轻女是责任感，为了传宗接代。自己这支不可到自己就绝了，尽量求延续生命。

没儿子，可以向兄弟或姊妹过继儿子，有一半自家的血统。但不能买儿子，没有血缘关系，死后不可以入祖茔。必同一宗庙，或有血统关系的过继子，才可以入宗祠。

"舜不告而娶"，唯恐绝后，权也，所以"不告"犹"禀告"。

27. 孟子曰："仁（生）之实（最真实的），事亲（亲其亲）是也。义（宜也）之实，从兄（长其长）是也。智之实，知斯二者弗去（不去掉）是也。礼之实，节文（天理之节文）斯二者是也。乐（yuè）之实（发之于人性），乐（lè）斯二者，乐（lè）则生矣。生则恶（何）可已（止）也？恶可已（如可止），则不知（自知）足之蹈之、手之舞之（天生之仁也）。"

此章谈天伦之乐。

"仁之实"，最真实的仁；"事亲是也"，善事父母，孝也。

"义之实"，最真实的义；"从兄是也"，行悌道。

"智之实"，最真实的智；"知斯二者弗去是也"，事亲、从兄，不能去掉、离开，"孝悌也者，其为人之本与"。

"礼之实"，最真实的智；"节文斯二者是也"，礼，天理之节文，亦即人理之节文，事亲、从兄能有礼节，表现出尊重、敬爱。

"乐之实"，最真实的乐；"乐斯二者，乐则生矣"，心中喜悦，手舞足蹈，"诚于中，形于外"（《大学》）。孝悌，天伦之乐，真乐也！

"生则恶可已"，生何可止也？"恶可已，则不知足之蹈之、手之舞之"，如可止，怎会不知不觉地手舞足蹈？

"仁、义、礼、智"，皆与生俱来。仁，二人，生也；义，宜也，恰到好处，理于宜；礼，天理之节文，事物有当然之则；智，知日，穷理，故"智者不惑"。"乐则生"，形容一家之乐是建立在仁、义、礼、智之上的。

"喜怒哀乐之未发，谓之中；发而皆中节，谓之和。""致中和，天地位焉，万物育焉"，生生不息。(《中庸》)

"配天"，"与天地合其德"(《易·乾·文言》)，"天之历数在尔躬"(《论语·尧曰》)，宇宙是个大天地，人是个小天地，天人合一。

28. 孟子曰："天下大悦而将归己。视天下悦而归己，犹草芥也，惟舜为然。

舜不以天下归己为乐。

"不得乎亲，不可以为人；不顺乎亲，不可以为子。舜尽事亲之道，而瞽瞍底〔同"致"〕豫〔乐也〕；瞽瞍底豫〔由不乐而使之乐〕而天下化；瞽瞍底豫而天下之为父子者定：此之谓大孝。"

"不得乎亲，不可以为人；不顺乎亲，不可以为子"，"顺乎亲有道，反诸身不诚，不顺乎亲矣"(《中庸》)。

舜事亲，尽其孝道，使瞽瞍由不乐而使之乐；顽父致乐，使天下化之，"天下之为父子者定"，"大孝"，大孝尊亲。

"天下恶乎定？""定于一"，一天下，远近大小若一。

亲情，是血缘关系，是天生的。所以，我父亲交代：不孝之人不可交。因为"不是人"，没有人性，"孝悌也者，其为仁之本与"。

孝，是还慈的恩，慈乌反哺，人可以不如鸟乎？

离娄上

离娄下

29. 孟子曰："舜生于诸冯（地名），迁于负夏（地名），卒于鸣条（地名），东夷之人也。文王生于岐周（岐山下周旧都），卒于毕（地名）郢（地名），西夷之人也。

舜、周文王，都是夷狄。

"地之相去也，千有余里；世之相后也，千有余岁。得志，行乎中国，若合符节。先圣后圣，其揆（法度）一也。"

舜至文王，千二百余岁，地相距千里之遥。但二人"得志，行乎中国"，"入中国则中国之"，夷狄进至于爵。其王也，"若合符节"。

"若合符节"，"符"，以前用以调兵遣将的凭证，有竹使符、铜虎符。门关用符节，"若合符节"，完全吻合，没有出入。

"先圣后圣，其揆一也"，"率性之谓道"，道一，不二。

焦循："圣人殊世，而合其道；地虽不比，由通一轨，故可以为百王法也。"

30. **子产**（郑子产，公孙侨）**听**（治）**郑国之政，以其乘舆**（车乘）**济**（渡）**人于溱**（溱水）**洧**（洧水）。

子产执政时，见冬涉者，于心不忍，以其车乘助渡者。

孟子曰："惠而不知为政。

子产，"惠人也"（《论语·宪问》），惠，私恩小利，"小人怀惠"，以惠施政。

"惠而不知为政"，有惠民之心，而不知为政。

"岁十一月徒（徒步）**杠**（gāng，小桥）**成，十二月舆**（车行）**梁**（大桥）**成，民未病涉**（患于徒涉）**也**。

如能广修桥梁，十一月小桥成，人可以徒步而过；十二月大桥成，车辆通行，民可解除渡涉之苦。

"君子平其政，行辟（辟）**人可也。焉得人人而济之**？

焦循："重民之道，平政为首。"

为国家平治政事，其道辟除人，使卑避尊亦可为也。济涉小事，本不足为执政轻重。

蒋伯潜："为政者，在能平其政，而不在以小惠待人。"

离娄下

"故为政者，每人而悦之，日亦不足矣。"

朱注："政则有公平正大之体，网纪法度之施焉。每人皆欲致私恩以悦其意，则人多日少，亦不足于用矣。"

31. 孟子告齐宣王曰："君之视臣如手足，则臣视君如腹心；君之视臣如犬马，则臣视君如国人（路人）；君之视臣如土芥（泥土和杂草），则臣视君如寇雠（敌寇和仇人）。"

"如腹心"，亲爱之至；"如国人"，休戚不与共；"如寇仇"，仇恨之至。

君臣，相对的观念，"君使臣以礼，臣事君以忠"（《论语·八佾》）。礼，理也；忠，尽己之谓。

王曰："礼，为旧君有服（丧服），何如斯可为服矣？"
曰："谏行，言听，膏泽下于民；有故（事故）而去，则君使人导之出疆，又先于其所往；去三年不反（返），然后收其田里（田禄里居）：此之谓三有礼焉。如此，则为之服矣。

谏行言从、德泽加民；有事故，不得不行，君使人导之出境，又先为其安置；三年不返，才收其田禄里居：三有礼如此，则为之服矣。

"今也为臣，谏则不行，言则不听，膏泽不下于民；有故而去，则君搏执（逮捕）之，又极之于其所往（穷其所往）；去之日，遂收其田里：此之谓寇雠。寇雠，何服之有？"

有服、无服，当以旧君待其臣而定。君臣，相对关系。

蒋伯潜："此章论君臣相互的待遇，至为平等。后也腐儒乃倡为'臣罪当诛，天王圣明'之谬说，于是专制君主之淫威，遂比虎狼还厉害了。明太祖读《孟子》此章，竟不许孔庙中祭祀孟子，可笑亦复可恨！"

焦循："君臣关系，以义为表，以恩为里；表里相应，犹若影响。"

32. 孟子曰："无罪而杀士，则大夫可以去；无罪而戮民，则士可以徙。"

焦循："恶伤其类，视其下等，惧次及也。语曰：'鸢鹊蒙害，仁鸟曾逝。'"

"君子见几而作，不俟终日"（《易·系辞下传》），"履霜坚冰至"，"其所由来渐矣"（《易·坤·文言》）。

33. 孟子曰："君仁莫不仁，君义莫不义。"

此章重出。

34. 孟子曰："非礼之礼，非义之义，大人弗为。"

蒋伯潜："察理不精，则其所谓礼者非礼，所谓义者非义矣；此大人所弗为也。"

焦循："礼义，人之所以折中，履其正者，乃可为中，是以大人不行疑礼。"

35. 孟子曰："中也养（涵育熏陶）不中，才也养不才，故人乐有贤父兄也。

"中也养不中，才也养不才"，此言家教之重要。

"人乐有贤父兄"，乐有父兄之贤以养己也。以前父死，敬兄如父。

"如中也弃不中，才也弃不才，则贤、不肖之相去，其间不能以寸（相去甚少）。"

如父兄以子弟不贤而弃之，不养其所当养，如此，则贤、不肖间之相距实是甚少！

焦循："父兄已贤，子弟既顽，教而不改，乃归自然。"

36. 孟子曰："人有不为也，而后可以有为。"

"有不为"，有守；"而后可以有为"，有为。人必有守，才足以有为。

"狂者进取，狷者有所不为"（《论语·子路》），得"反求诸己"，内省才能有为，有守有为。

人皆自迷，"先迷失道，后顺得常"（《易·坤》）。

37. 孟子曰："言人之不善，当如后患何！"

专讲别人的坏话，而不知自己有后患。"不忮不求，何用不臧？"（《诗·邶风·雄雉》）

说人坏话，必传回去，"以其人之道，还治其人之身"，能不患？

38. 孟子曰："仲尼不为已甚（太甚）者。"

"人而不仁，疾之已甚，乱也"（《论语·泰伯》），做人处世，不可以逼人太甚，必给人留有余地。

"过与不及"均非中道。"恕"，如心，将心比心，"缘人情，赦小过"（《春秋繁露·俞序》），"以人治人，改而止"（《中庸》）。

39. 孟子曰："大人者，言不必信，行不必果，惟义所在。"

"信"，人言，言可复也。"果"，"求也果"，"君子以果行育德"（《易·蒙·大象》）。果，果决、果断。

"言不必信，行不必果"，以"义"作为行事的标准。

"义，宜也"，宜于时，环境一改变，时过境迁，就不合乎义，有时还出毛病。"不可为典要，唯变所适"，随时、适时，"随时之义大矣哉！"（《易·随》）

40. 孟子曰："大人者，不失其赤子之心也。"

"大人者，与天地合其德"，"天无私覆，地无私载"，"生而不有，为而不恃"，天德好生、尚公、无私。

"赤子"，初生婴儿，诚实无妄，不知有私。"不失其赤子之心"，存赤子之心，返老还童，成德了，为大人，有公心无私心，没有分别心。

"大人"，应养器量，成器，有容乃大，"君子不器"（《论语·为政》）。

41. 孟子曰："养生者不足以当大（重要）事，惟送死可以当大事。"

对父母，养生送终。

"惟送死可以当大事"，哀死送终，以前重丧事，"慎终"是尽为人子最后的机会。不能尽心，则抱恨终身！

42. 孟子曰："君子深造之以道，欲其自得之也。

此章论教学之法，"人不学，不知道"。

"造"，作也、为也，造就，"大人造"（《易·乾》），天造地设。熊十力喜用"造"字。

"深造之以道"，"率性之谓道"，能尽己之性，"行深般若波罗蜜多时"，行深造道，才能到彼岸，"照见五蕴皆空，度一切苦厄"（《心经》）。

"自"，自求，内求。"自得"，自己去求，得自己所要得者。不外求，别人抢不得，也帮不了。

"自得之，则居（守）之安；居之安，则资（取）之深；资之深，则取之左右逢其原（优游偃仰），故君子欲其自得之也。"

"大哉乾元，万物资始"。"资"，次贝，本义为钱财，引申为天资、资格、资历、资助、资政。"资之深"，深发自性之用，则"取之不尽，用之不竭"。"无所不用其极"（《大学》），"无入而不自得"（《中庸》）。

"资之深，则取之左右逢其原"，心有所存主，"从心所欲不逾矩"（《论语·为政》）。有自得之乐，其乐也无穷！

孔子"发愤忘食，乐以忘忧，不知老之将至云尔"（《论语·述而》）。颜回"在陋巷。人不堪其忧，回也不改其乐"（《论语·雍也》），乐天之道，行健不息。

过家，就按自己的经济环境来处理衣食住行，没有过与不及就没有后患。

43. 孟子曰："博学而详说（shuì）之，将以反说约（易简）也。"

此章论研究学问的方法。

《中庸》曰："博学之，审问之，慎思之，明辨之，笃行之。"

"博我以文，约我以礼"（《论语·子罕》），由博返约，易简，"易简而天下之理得"（《易·系辞上传》），"吾道一以贯之"。

44. 孟子曰："以善服人者，未有能服人者也。

"以善服人"，假貌为善，而忽略真，"未有能服人者也"。

"以善养人，然后能服天下。

"以善养人"，用善作营养培养人，变成人生的力量，使之里外皆成人。

教育必自根上来，即以善养人，"元者，善之长也"，"继之者，善也"，"长善而救其失"（《礼记·学记》），使之成为善人，"然后能服天下"。

以善心对待一切人，则有可能被吃掉。

"天下不心服而王者，未之有也。"

"心服"，"中心悦而诚服也"（《中庸》），"惟心亨"（《易·坎》），让善的力量发挥出来。

善养以储国基，治国当以道德精神为本。"天下不心服而王者，未之有也"。

45. 孟子曰："言无实，不祥。

朱注：一、"天下之言无有实不祥者，惟蔽贤为不祥之实。"二、"言而无实者不祥，故蔽贤为不祥之实。"二说不同，未知孰是，疑或有阙文焉。

"不祥之实，蔽贤者当之。"

"不祥之实，蔽贤者当之"，《晏子春秋·谏下》："国有三不祥，是不与焉。夫有贤而不知，一不祥；知而不用，二不祥；用而不任，三不祥也。"

焦循："进贤受上赏，蔽贤蒙显戮，故谓之不详也。"

46. 徐子（徐辟，介绍夷之见孟子）曰："仲尼亟（屡次）称（赞美）于水，曰：'水哉！水哉！'何取于水也？"

《论语·子罕》："子在川上，曰：'逝者如斯夫！不舍昼夜。'"

孟子曰："原（源）泉混混（滚滚，不断涌出），不舍（止）昼夜，盈（满）科（坎，坑）而后进，放（达，至）乎四海，有本（水源）

者如是，是之取尔！

"原泉混混，不止昼夜"，"天行健，君子以自强不息"。

"盈科而后进"，循序渐进。此为水之德，水遇有坑洞，必将之填满，再往前行进，故能平天下之不平。

"放乎四海"，欲罢不能，有本有源。放于四海而皆准，四海以此为准，天下事有个准则。

"有本者如是"，本立而道生，源源不竭；"是之取尔"，以水为师，要善养，善用智慧。

"苟（真）为无本，七八月之间雨集，沟浍（田间、路旁小水沟）皆盈；其涸（干）也，可立而待（因无本，无源之水）也。

如七八月间下大雨，潦水猝集，大小水沟皆满，然其干涸可立待者，以其无本故也。

自来水，无源之水，亦自有本之水来，水源处。上游一旦缺水，民间亦无水供给。水，民生必需，日用所在，要珍惜水资源，每家要惜水！

"故声闻过情（实情），君子耻之。"

"声闻过情"，声名超过实情，"闻人"，如无源之水，不能"原泉混混"。

"君子耻之"，故"君子疾没世而名不称焉"（《论语·卫灵公》），名实不相符，君子所疾。

人要求有源之智，元智，《易》为智海，可以"取之不尽，用之不竭"。

焦循："有本不竭，无本则涸；虚声过实，君子耻诸。"

47. 孟子曰："人之所以异于禽于兽者，几希！

"人之所以异于禽于兽者，几希"，一是微，少也；二是近，无多大区别；三是近乎少，不同之处很少。

"庶民（一般大众）去之，君子（成德之谓）存（守）之。

"小人去之"，一般人不能分别，一不小心，就成禽兽了！

"君子存之"，君子存微，故能识微、察微，《春秋》贵微，"莫见乎隐，莫显乎微"（《中庸》）。

人性，兽性，人知有伦，禽兽不知伦，故乱伦。骂人则说"禽兽不如"。

"舜明于庶（众）物，察于人伦（礼），由（从）仁义行，非行仁义也。"

"明于庶物"，"物"，包含人、事、物，明事物之渊博；"察于人伦"，"人伦"，常、礼，"不学礼，无以立"（《论语·季氏》），立于礼，立于伦。

"圣人，人伦之至"，师生关系"犹父犹子"，不能乱伦。

"由仁义行"，仁义生于己，本仁义而行，不管外面环境如何，得"守死善道"（《论语·泰伯》），"造次必于是，颠沛必于是"（《论语·里仁》），"素富贵行乎富贵，素贫贱行乎贫贱，素夷狄行乎夷狄，素患难行乎患难"（《中庸》）。

"非行仁义"，行仁义，伪君子。"小人闲居为不善，无所不至，见君子而后厌然，掩其不善，而著其善。人之视己，如见其肺肝然，则何益矣！"（《大学》）

由美利行，由咸宁行，必要学会忍，有志更要忍，"燕雀安知鸿鹄志？"做事，先往坏处想，有防未然之智，始能否极泰来。

48. 孟子曰："禹恶（厌恶）旨（味好）酒而好善言（昌言）。汤执中，立贤无方（法）。

禹拜善言。汤允执其中，进贤无定规。

"文王视民如伤（受害），望道而（如）未之见。武王不泄（狎）迩，不忘远。

文王"视民如伤"，护民之至，望道如未见。武王对近者不狎，对远者不忘。

"周公思兼三王，以施四事；其有不合者，仰而思之，夜以继日；幸而得之，坐以待旦（待天亮，欲急施也）。"

"兼"，并也；兼差，兼课。"施"，施行，施政。

"仰而思之"，思三王之道；"夜以继日"，不眠不休；"幸而得之"，若有所得，欲见之于行事；"坐以待旦"，通宵达旦，一夜没有躺着。

49. 孟子曰："王（古圣先王）者之迹熄（消）而《诗》亡，《诗》

亡然后《春秋》作。

"王"，天下所归往。"王者之迹"：周时，有采风之车，代表民意。《诗经》的《国风》，即自各地采风来的，其中有民怨，乃天下学，如今之社会学，可以"兴、观、群、怨"，知民间疾苦、人民心声，作为施政参考。

"王者之迹息，而《诗》亡"，不再采诗了，民意不能上达。《诗》亡然后《春秋》作"，"世衰道微，邪说暴行有作，臣弑其君者有之，子弑其父者有之。孔子惧，作《春秋》。"(《孟子·滕文公下》)《春秋》接着采诗的精神，欲拨乱。

"晋之《乘》，楚之《梼杌》，鲁之《春秋》，一也。

《乘》《梼杌》《春秋》，各国史记之名。鲁之《春秋》，为不修之《春秋》。

"其事则齐桓晋文，其文则史。孔子曰：'其义则丘窃(私自)取之矣。'"

孔子作《春秋》，"其事则齐桓晋文"，记齐桓、晋文事。《春秋》依十二公纪年，"其文则史"。

"其义，则丘窃取之"，义则为孔子所取，借事以明义，作《春秋》所重在义，以义表志。

孔子修《春秋》，义为孔子所立，志在《春秋》，当一王之法，"我欲载之空言，不如见之于行事之深切著明也"(《史记·太史公自序》)，故所作《春秋》，已非鲁之《春秋》。

《春秋》"辨是非，故长于治人"，"拨乱世反之正，莫近于《春秋》"（《史记·太史公自序》）。《春秋》在拨乱反正，孔子曰："知我者其惟《春秋》乎！罪我者其惟《春秋》乎！"（《孟子·滕文公下》）知孔子、罪孔子，都在《春秋》。自此看《春秋》是什么？

《春秋》之义，是孔子所立，《春秋》之辞多所况，是文约而法明也"（《春秋繁露·楚庄王》）。读《春秋》，必要明其义，《春秋》有所取义，得其义则事可遗也。

此孟子谈孔子作《春秋》，《论语》并无谈孔子作《春秋》，可见《论语》不全，幸有《孟子》，可以相印证。

孟子的时代，"诸侯恶其害己也，而皆去之籍"（《孟子·万章下》）。孟子是子思门人的弟子，有所传承，故知"师说"。

50. 孟子曰："君子之泽（遗泽）五世而斩（绝），小人之泽五世而斩。

焦循："五世一体，上下通流，君子小人，斩各有时。"

一世，三十年。父子相继为一世，师生相传亦为一世。

"予未得为孔子徒也，予私淑（善）诸人也。"

焦循："孟子恨不得及乎仲尼也。"

及门弟子，亲自受教。

孟子去孔子年代已远，"未得为孔子徒"，不能亲身受教于孔子，受业于子思门人。"予私淑诸人"，间接私下受其好处。

"私淑"，未亲自受教。我私淑熊十力。

离娄下

145

51. 孟子曰："可以取，可以无取，取伤廉；可以与，可以无与，与伤惠；可以死，可以无死，死伤勇。"

"廉"，一介不取；"惠"，惠及于人；"勇"，勇者不惧人势。
"死"，"有重于泰山，有轻于鸿毛"，"可以死，可以无死"。

52. 逢蒙（羿之弟子）学射于羿（善射者，有穷国国君），尽羿之道（尽学全了），思天下惟羿为愈（胜）己，于是杀羿。孟子曰："是亦羿有罪焉。"

蒋伯潜："羿之罪，正以不能取端人而授以射法也。"

逢蒙杀羿，所传授非其人，罪在不知人。

公明仪曰："宜（殆，大概）若无罪焉。"

公明仪曰："羿，大概无罪吧！"

曰："薄（轻）乎云尔（如此），恶（何）得无罪？

孟子说："这么轻易传授，怎能算无罪？"
传授也必知人，"不识其人，视其友"，"人之异于禽兽者，几兮"，要注意。

"郑人使子濯孺子侵卫，卫使（派）庾公之斯追之（语助词）。子濯孺子曰：'今日我疾作，不可以执弓，吾死矣夫！'

子濯孺子说："今天我旧疾复发，不可以拿弓，我死定了！"

"问其仆曰:'追我者谁也?'其仆曰:'庾公之斯也。'曰:'吾生矣。'

"仆",随从,为他赶车的仆从。

子濯孺子得知追他的是庾公之斯,说:"我得生了!"

"其仆曰:'庾公之斯,卫之善射者也,夫子曰"吾生",何谓也?'

"曰:'庾公之斯学射于尹公之他,尹公之他学射于我。夫尹公之他,端（正）人也,其取友必端矣。'

"端人",端正之人。"尹公之他,端人也,其取友必端矣",端人,取友必端。物以类聚,人总在一起,臭味相投也。

"不识其人,识其友",看其交友情形、交友对象,八九不离十。

"庾公之斯至,曰:'夫子何为不执弓?'曰:'今日我疾作（发作）,不可以执弓。'

"曰:'小人学射于尹公之他,尹公之他学射于夫子。我不忍以夫子之道反害夫子。

庾公之斯学射于尹公之他,尹公之他学射于子濯孺子,三人有师生同门关系。

庾公之斯说:"我不忍以夫子之道反害夫子。"

焦循:"求交取友,必得其人,得善以全,善凶获患,是故子濯济难,夷羿以残,可以鉴也。"

离娄下
147

"'虽然，今日之事，君（国家）**事也，我不敢废**（废公事）**。'**

庾公之斯又说："但今为国事，我不敢废公事。"

"抽矢扣（敲）**轮**（车轮）**，去其金**（箭头）**，发乘矢**（四箭）**而后反**（返）**。"**

叩轮去镞，使不害人，射四发而离去，尽其忠。

公私分明，情之用，"发而皆中节"。尽为人徒之道，又尽卫国之责。

这章告诉我们为人处世之道。为人师，岂是容易！

经师易得，人师难求。为人师的，有无尽师道？教育是良知事业，要有像样的传人。不是讲而是行，行教重于言教。

53. 孟子曰："西子（西施）蒙（被）不洁，则人皆掩鼻而过之。

就是美如西施，身上蒙污秽之物，人见了无不掩鼻而过。

"虽有恶人，齐戒沐浴，则可以祀上帝。"

虽是恶人，只要改过自新，可以祭祀上帝。佛教亦说："放下屠刀，立地成佛。"

"天民"，人皆天之子民，人人皆可以祭天。专制时代，只有帝王可以祭天，到泰山举行封禅大典。

朱注引尹氏曰："此章戒人之丧善，而勉人以自新也。"

儒家"以人治人，改而止"，"过则勿惮改"（《论语·学而》），多勉励人！

54. 孟子曰："天下之言性也，则故（法则其故有）而已矣。故者，以利（美利）为本。

此章极重要，必善用脑子。

"则故"：则，法也；则天，即法天。故，固有的。"天命之谓性"，"性"是与生俱来的，即天性，亦即元。"则故而已矣"，修性守故，反求诸己就足矣，"各正性命，保合太和，乃利贞"（《易·乾·象》）。

"故者，以利为本"，"利者，义之和也"，利与义合，是"美利"。人的"美利"是与生俱来的，但是"百姓日用而不知"（《易·系辞上传》），所以一般人只爱其所爱，而君子则无不爱也。

"君子体仁，足以长人"，圣人知行合一，体用合一。圣人"贵除天下之患"，即"利天下"，"能以美利利天下，不言所利，大矣哉"，故"以利为本"。

"所恶于智者，为其凿（小智穿凿）也。

"凿"，主观，穿凿附会。笨，造字以竹为本，就是讽刺自命清高者。凿于己见、私见，"意""必""固""我"，想不通道理，亦无权变之法，尽主观，"人之为道而远人"（《中庸》）。

"如智者，若禹之行（治）水也，则无恶（厌恶）于智矣。禹之行水也，行其所无事（顺水自然之性）也。如智者，亦行其所无事（处事客观），则智亦大矣。

禹治水，顺水自然之性，"行其所无事"，顺着自然法则，因势利导，顺势而为。

"如智者，亦行其所无事，则智亦大矣"，大智，不"人之为道"，由人性行，由美利行。处事客观，哪有是非？天天没事找事，拨弄是非，庸人自扰也。

情智，小智穿凿，牵强附会，尽主观。一般人皆用情智，两眼尽瞪着转，好察察，自以为是智者。

性智，与生俱来的，含性德，"率性之谓道"，能尽己之性，处事客观，"行其所无事"，懂得顺势而为，"由仁义行"。

应分清性智与情智。

"天之高也，星辰之远也，苟求其故（真求其所以），**千岁之日至，可坐而致**（至）**也。"**

"天之高也，星辰之远也"，"今夫天斯昭昭之多，及其无穷也，日月星辰系焉"（《中庸》）。

"求其故"，求其所以，做事要知其所以然。"权者，知所以用理也"，明理才能处事，行权以应变。

"千岁之日至，可坐而致也"，善于历法者，可推算而至。

中国历，冬至是推算的标准，"冬至大过年"。

程子："事物之理，莫非自然，顺而循之，则为大智；若用小智，而凿以自我，则害于性，而反为不智。"

55.公行子（王骧的字）**有子之丧，右师往吊。入门，有进而与右师言者，有就右师之位而与右师言者。孟子不与右师**

言，右师不悦曰："诸君子皆与驩言，孟子独不与驩言，是简驩也。"

孟子闻之，曰："礼，朝廷不历位而相与言，不逾阶而相揖也。我欲行礼，子敖以我为简，不亦异乎？"

这章不重要。

56. 孟子曰："君子所以异于人者，以其存心也。君子以仁存心，以礼存心。

"君子存心"，以仁、礼为本，以仁待人，以礼律己。

"以仁存心"，所以"爱人"；"以礼存心"，所以"敬人"。仁者爱人，仁者无不爱，故曰"仁者无敌"。

"仁者爱人，有礼者敬人。爱人者，人恒爱之；敬人者，人恒敬之。

"爱人者，人恒爱之；敬人者，人恒敬之"，相对地，你怎么待人，人亦以此待你，一比一。

"有人于此，其待我以横逆（强横不讲理），则君子必自反（反躬自省）也：我必不仁也，必无礼也，此物（事）奚宜至哉？

"其自反而仁矣，自反而有礼矣，其横逆由（犹）是也，君子必自反也：我必不忠。

"自反而忠矣，其横逆由是也。君子曰：'此亦妄人也已矣。如此，则与禽兽奚择（何别）哉？于禽兽又何难（何必责难）焉？'

自我反省，于仁、于礼、于忠皆内省不疚，而此人仍如此强横，则为"妄人"也可知，与禽兽又有何分别？

"是故君子有终身之忧，无一朝之患也。

"有终身之忧，无一朝之患"，平日要思患而豫防之，无突如其来的无妄之灾。

"乃若所忧则有之：舜，人也；我，亦人也。舜为法于天下，可传于后世，我由（犹）未免为乡人（邻里之常人）也，是则可忧也。忧之如何？如舜而已矣。若夫君子所患则亡（无）矣。非仁无为也，非礼无行也，如有一朝之患，则君子不患矣。"

"忧之如何？如舜而已矣"，惟不若舜可忧，"舜何？人也。予何？人也。有为者，亦若舜"，人皆可为舜。

57. 禹、稷当平世（太平世），三过其门而不入，孔子贤之（以为贤者）。

禹治水，"三过其门而不入"，从公的精神。

颜子当乱世，居于陋巷，一箪食，一瓢饮，人不堪其忧，颜子不改其乐，孔子贤之。

颜子在陋巷，"不改其乐"，乐天之道，行健不息。孔子称："贤哉回也。"（《论语·雍也》）

孟子曰："禹、稷、颜回同道。禹思天下有溺者，由己溺之也；稷思天下有饥者，由己饥之也，是以如是其急也。禹、稷、颜子易地则皆然。

人溺己溺，人饥己饥，与民同忧患，故能除天下之患。

"今有同室之人斗（斗争）者，救之，虽被发（散发）缨冠（未系好帽带）而救之，可也。乡邻有斗者，被发缨冠而往救之，则惑也，虽闭户可也。"

同室相斗，乡邻争吵，闭门高枕可也。

焦循："时行则行，时止则止，失其节则惑矣！"

58. 公都子曰："匡章，通国皆称不孝焉；夫子与之游，又从而礼貌之，敢问何也？"

孟子曰："世俗所谓不孝者五：惰其四支，不顾父母之养，一不孝也；博弈，好饮酒，不顾父母之养，二不孝也；好货财，私妻子，不顾父母之养，三不孝也；从（纵）耳目之欲，以为父母戮（羞），四不孝也；好勇斗很（狠），以危父母，五不孝也。章子有一于是乎？夫章子，子父责善而不相遇（合）也。

"责善，朋友之道也；父子责善，贼（害）恩（恩情）之大者。

"责善，朋友之道也"，朋友间切磋琢磨，当责善，互有进益。
"父子责善，贼恩之大者"，父子之间不责善，易子而教。

"夫章子，岂不欲有夫妻、子母之属哉？为得罪于父，不得近。出妻屏（摒）子，终身不养焉。其设心，以为不若是（出妻摒子），是则罪之大者。是则章子已矣。"

焦循："匡章得罪，出妻屏子，上不得养，下以责己，众曰不孝，其实则否，是以孟子礼貌之也。"

59. 曾子居武城（鲁县城），有越寇。或曰："寇至，盍去诸？"曰："无寓（寄）人于我室，毁伤其薪木。"

寇退，则曰："修我墙屋，我将反（返）。"寇退，曾子反。

左右曰："待先生，如此其忠且敬也！寇至，则先去以为民望；寇退则反，殆于不可？"

沈犹行（曾子弟子）曰："是非汝所知也。昔沈犹有负刍（人名）之祸，从先生者七十人，未有与焉。"

子思居于卫，有齐寇。或曰："寇至，盍（何不）去诸？"子思曰："如伋（子思名）去，君谁与守？"

孟子曰："曾子、子思同道。曾子，师也，父兄也；子思，臣也，微也。曾子、子思易地则皆然。"

这章不重要。

60. 储子（齐国人）曰："王使人瞷（窥视）夫子（孟子），果（能）有以异于人乎？"

孟子时代，已有相人之法。

孟子曰："何以异于人哉？尧舜与人同耳。"

焦循："人以道殊，贤愚体别，头圆方足，善恶如一。"

"尧舜与人同耳"，"舜何？人也；予何？人也。有为者，亦若是"。

"文没在兹"，是每个中国人的责任，真行了，则普天之下人人皆可以为尧舜，大同。必要了解中国文化、中国思想的真义。

61. 齐人有一妻一妾而处室者，其良人（妇人称丈夫）出，则必餍（吃饱）酒肉而后反（返家）。其妻问所与饮食者，则尽富贵也。

其妻告其妾曰："良人出，则必餍酒肉而后反；问其与饮食者，尽富贵也，而未尝有显者来。吾将瞯良人之所之（往）也。"

蚤（早）起，施（同"迤"，斜行）从良之所之，遍国中无与立谈者。卒之东郭（东方城门外）墦（fán，坟墓）间，之祭者，乞其余；不足，又顾而之他，此其为餍足之道也。

其妻归，告其妾曰："良人者，所仰望而终身也。今若此。"与其妾讪（讥骂）其良人，而相泣于中庭。

而良人未之知也，施施（俨然自得貌，像煞有介事）从外来，骄其妻妾。

由君子观之，则人之所以求富贵利达者，其妻妾不羞也而不相泣者，几希矣！

有多少求富贵利达者，不是在外摇尾乞怜，回到家中则骄其妻妾？而其妻妾"不羞也而不相泣者，几希矣！"

做官有没有一个不是"骄妻妾"的？官到手了，打落水狗。

费尽心机，累死！应实至名归。世上无比的人争名夺利再费心机。多少人为名浪费心力，骄妻妾耳。在外摇尾乞怜，在妻妾面前显摆，其妻妾多半是没读过书的。

德不足，又何必妄求？求不得之苦！有就有，没有就没有，随所遇而安其所为，非苟且偷安，乃"君子无所不用其极"，"无入而不自得"。

1.万章（孟子弟子）问曰："舜往于田，号泣（且诉且泣）于旻（mín）天（秋天，万物枯落），何为其号泣也？"孟子曰："怨慕（如怨如慕）也。"

焦循："谓耕于历山之时。"

万章曰："父母爱之，喜而不忘；父母恶之，劳而不怨。然则舜怨乎？"

曰："长息问于公明高曰：'舜往于田，则吾既得闻命矣。号泣于旻天、于父母，则吾不知也。'公明高曰：'是非尔所知也。'夫公明高以孝子之心，为不若是恝（jiá，忽忘），我竭力耕田，共为子职而已矣；父母之不我爱（爱我），于我何哉！

"帝使其子九男二女，百官牛羊仓廪备，以事舜于畎亩（田亩）之中。天下之士多就之者。帝将胥（皆）天下而迁之焉。为不顺于父母，如穷人无所归。

尧要寻找接班人，"舜侧微，尧闻之聪明，将使嗣位，历试诸难"（《尚书·舜典》）。

"我其试哉！女（nù，嫁女）于时（是），观厥刑（型）于二女。厘降二女于妫汭，嫔于虞"（《尚书·尧典》），"二女同居，其志不同"（《易·睽》），二女贵骄，同居而志不同。

尧试舜内治如何。一个人要叫太太佩服了，就可以搞政治。

舜经过重重考验，"让于德，弗嗣。正月上日，受终于文祖"（《尚书·舜典》），继尧即帝位。

"天下之士悦之，人之所欲也，而不足以解忧。好色，人之所欲，妻帝之二女，而不足以解忧。富，人之所欲，富有天下，而不足以解忧。贵，人之所欲，贵为天子，而不足以解忧。人悦之、好色、富、贵，无足以解忧者，惟顺于父母，可以解忧。

焦循："夫孝百行之本，无物以先之。虽富有天下，而不能取悦于其父母，莫有可也。"

"人少，则慕父母；知好色，则慕少艾（少女）；有妻子，则慕妻子。

"食色，性也"，恋爱是神圣的，结婚是天职。

"仕则慕君，不得于君则热中（心中焦急）。大孝终身慕父母。五十而慕者，予于大舜见之矣。"

"大孝终身慕父母。五十而慕者，予于大舜见之矣"，大孝尊亲，五十犹如孺子之思念父母。

2.万章问曰："《诗》(《齐国·南山》)云：'娶妻如之何？必告父母。'信(诚)斯言也，宜莫如舜。舜之不告而娶，何也？"

孟子曰："告则不得娶。男女居室，人之大伦也。如告，则废人之大伦，以怼(duì，仇怨)父母，是以不告也。"

"男女居室，人之大伦"，"君子之道，造端乎夫妇"(《中庸》)，夫妇，人道之始。

焦循："达权之义也。不告而取，守正道也。"

万章曰："舜之不告而娶，则吾既得闻命矣。帝之妻舜而不告，何也？"曰："帝亦知告焉则不得妻也。"

万章曰："父母使舜完廪(修治仓库)，捐(去掉)阶，瞽瞍焚廪。使浚井(掘井泥)，出，从而揜(下石堵井)之。

"象曰：'谟(谋)盖都君(舜)，咸(都)我绩(功绩)。牛羊父母，仓廪父母，干戈朕(我)，琴朕，弤(dǐ，弓)朕，二嫂使治朕栖(歇宿)。'

"象往入舜宫(室)，舜在床琴。象曰：'郁陶(忧思)，思君尔！'忸怩(不安貌)。舜曰：'惟兹(此)臣庶，汝其于(为，助)予治。'不识舜不知象之将杀己与？"

曰："奚而不知也？象忧亦忧，象喜亦喜。"

"象忧亦忧，象喜亦喜"，形容兄弟之情，情不能自已。

曰："然则舜伪喜者与？"

曰："否。昔者有馈生鱼于郑子产，子产使校人（管池子小吏）畜之池。校人烹之，反命曰：'始舍之，圉圉（yǔ，困而未舒貌）焉，少则洋洋（舒缓摇尾）焉，攸然（自得其乐）而逝（往）。'子产曰：'得其所哉！得其所哉！'校人出，曰：'孰谓子产智？予既烹而食之，曰'得其所哉！得其所哉！'

"故君子可欺以其方（情理之所常有），难罔（欺）以非其道。彼以爱兄之道来，故诚（真）信而喜之，奚伪焉！"

"君子可欺以其方，难罔以非其道"，"君子可逝也，不可陷也；可欺也，不可罔也"（《论语·雍也》），可罔才可陷。

3. 万章问曰："象日以杀舜为事，立为天子，则放之，何也？"

孟子曰："封之也，或曰放焉。"

"兄弟怡怡"（《论语·子路》），兄友弟恭，一奶同胞。

万章曰："舜流（放逐）共工（官名）于幽州（地名），放驩兜（人名）于崇山（地名），杀（投弃）三苗（苗人）于三危（地名），殛（jí，诛责，非诛死）鲧于羽山（地名），四罪而天下咸服，诛不仁也。

《尚书·舜典》曰："流共工于幽洲，放驩兜于崇山，窜三苗于三危，殛鲧于羽山，四罪而天下咸服。"

尧有四凶，舜即位后，解决四凶问题，天下皆服。

杀恶人即是做善事，"遏恶扬善"，一路哭，不如一家哭。

"象至不仁，封之有庳（地名），有庳之人奚（何）罪焉？仁人固如是乎：在他人则诛之，在弟则封之？"

曰："仁人之于弟也，不藏怒焉，不宿怨焉，亲爱之而已矣。亲之，欲其贵也；爱之，欲其富也。封之有庳，富贵之也。身为天子，弟为匹夫，可谓亲爱之乎！"

焦循："恳诚于内者，则外发于事，仁人之心也。象为无道极矣，友于之性，忘其悖逆，况其仁贤乎！"

"兄弟怡怡"，亲爱之而已。

"敢问或曰放者，何谓也？"

曰："象不得有为于其国，天子使吏治其国，而纳其贡税焉，故谓之放。岂得暴彼民哉？虽然，欲常常而见之，故源源而来。'不及贡，以政接于有庳'，此之谓也。"

象在有庳，仅食租税而已。没有实权，就不易惹是生非。

4. 咸丘蒙（孟子弟子）问曰："语云：'盛德之士，君不得而臣，父不得而子。'舜南面而立，尧帅诸侯北面而朝之，瞽瞍亦北面而朝之。舜见瞽瞍，其容有蹙（cù，局促不安）。孔子曰：'于斯时也，天下殆（危）哉，岌岌（危殆状）乎！'不识此语诚然乎哉？"

孟子曰："否。此非君子之言，齐东野人之语（乡里之言）也。尧老而舜摄（摄政）也。《尧典》曰：'二十有八载，放勋（尧）乃徂落（逝世），百姓如丧考妣，三年，四海遏（止）密（寂静）

八音（乐音）。'孔子曰：'天无二日，民无二王。'舜既为天子矣，又帅天下诸侯以为尧三年丧（服三年之丧），是二天子矣。"

咸丘蒙（孟子弟子）曰："舜之不臣尧，则吾既得闻命矣。《诗》（《小雅·北山》）云：'普天之下，莫非王土；率（循）土之滨（涯），莫非王臣。'而舜既为天子矣，敢问瞽瞍之非臣，如何？"

曰："是《诗》也，非是之谓也。劳于王事，而不得养父母也。曰：'此莫非王事，我独贤劳也。'

孟子言此诗非舜臣父之谓也。是怨己独以贤才而劳苦，不得养父母。

"故说《诗》者，不以文害辞，不以辞害志。以意逆（迎）志，是为得之。

文，所引以兴事；辞，所歌咏之辞。志，人心之所主；意，心音。

说诗，当本作诗者之心意，而不在文辞作功夫。

此为读书的方法，读书贵乎得言外之意、弦外之音。

如以辞而已矣，《云汉》（《大雅·云汉》）之诗曰：'周余黎民（百姓），靡有孑（独，单一）遗（留存）。'信斯言也，是周无遗民也。

"周余黎民，靡有孑遗"，是志在忧患，但从字面看，岂不是"周无遗民"？

"孝子之至（极），莫大乎尊亲；尊亲之至，莫大乎以天下养。为天子父，尊之至也；以天下养，养之至也。

瞽瞍为天子父，尊之至；舜以天下之富奉养其亲，养之至。

"《诗》(《大雅·下武》) 曰：'永言孝思，孝思维则 (作天下之法则)。'此之谓也。

孝思，作为天下法则。

"《书》曰：'祇 (敬) 载 (事) 见瞽瞍，夔夔 (敬谨恐惧貌) 齐 (斋) 栗 (懍)，瞽瞍亦允 (信) 若 (顺)。'是为父不得而子也。"

焦循："孝莫大于严父而尊之矣，行莫过于蒸蒸执子之政也。此圣人之轨道，无有加焉。"

5. 万章曰："尧以天下与舜，有诸？"孟子曰："否。天子不能以天下与人。"

"天子不能以天下与人"，舜有天下，不是尧给的。

"然则舜有天下也，孰与之？"曰："天与之。"

"天与人归"，天下人所归往。

"天与之者，谆 (zhūn) 谆然 (诚恳貌) 命之乎！"
曰："否。天不言，以行与事示之而已矣。"

"天不言，以行与事示之而已"，"天何言哉？四时行焉，万物生焉，天何言哉？"

曰："以行与事示之者，如之何？"

曰:"天子能荐（推举）人于天,不能使天与之天下;诸侯能荐人于天子,不能使天子与之诸侯;大夫能荐人于诸侯,不能使诸侯与之大夫。昔者尧荐舜于天而天受之,暴（显露）之于民而民受之,故曰:天不言,以行与事示之而已矣。"

曰:"敢问荐之于天而天受之,暴之于民而民受之,如何?"

曰:"使之主祭而百神享之,是天受之;使之主事而事治,百姓安之,是民受之也。天与之,人与之,故曰:天子不能以天下与人。舜相尧,二十有八载,非人之所能为也,天也。

"尧崩,三年之丧毕,舜避尧之子（丹朱）于南河之南。天下诸侯朝觐者,不之（往）尧之子而之舜;讼狱者,不之尧之子而之舜;讴歌（歌咏以颂功德）者,不讴歌尧之子而讴歌舜,故曰天也。夫然后之中国,践（即）天子位焉。

"而居尧之宫（室）,逼尧之子,是篡也,非天与也。《泰誓》（《尚书》篇章）曰:'天视自我民视,天听自我民听。'此之谓也。"

赵岐:"如使舜不避尧之子,而居尧之宫,逼逐尧之子,是则为篡夺者也,非谓为天与之也。"

"天视自我民视,天听自我民听",民意即天意,天意示警。

焦循:"德合于天,则天爵归之;行归于仁,则天下与之。天命不常,此之谓也。"

6.万章问曰:"人有言:'至于禹而德衰,不传于贤而传于子。'有诸?"

何以有此问？"人有言"，可见经夏、商、周，"至于禹而德衰"说一直存在，有反对家天下的思想。

"至禹而德衰"，禹打破尧舜公天下制，开家天下之局，夏、商、周均家天下，传子不传贤。

"家天下"与"公天下"相对，尧舜为公天下，为天下得人才，传贤不传子。所以孔子说"三世必复"，要复尧舜公天下之制。

将此说与《礼运·大同篇》相印证，可见中国"道统"与"政统"本合而为一。

道统之所以衰微，在禹本身缺德。禹治水有功，其德衰在家天下，因德衰而道衰，大道既衰微，"道统"与"政统"乃分为二。

成就大事业，以造就接班人为第一要义，传人很重要，后继有人，可以继志述事。

中国几千年的家天下，使中国人思想受限制，至今遗毒犹未去。要走入相当境界，还要一段时间。

孟子曰："否，不然也。天与贤，则与贤；天与子，则与子。

"天与贤，则与贤；天与子，则与子"，孟子此说给予家天下借口。

子思说"仲尼祖述尧舜"（《中庸》），"唯天为大，唯尧则之"（《论语·泰伯》），尧则天之公，"大道之行也，天下为公"。此为师说所在。

孟子是子思门人的弟子，但孟子巧辩，不讲师说。

"昔者舜荐禹于天，十有七年，舜崩。三年之丧毕，禹避

舜之子于阳城，天下之民从之，若尧崩之后，不从尧之子而从舜也。禹荐益于天，七年，禹崩。三年之丧毕，益避禹之子于箕山之阴，朝觐讼狱者，不之益而之启，曰：'吾君之子也。'讴歌者，不讴歌益而讴歌启，曰：'吾君之子也。'丹朱之不肖，舜之子亦不肖。舜之相尧，禹之相舜也，历年多，施泽于民久。启贤，能敬承继禹之道。益之相禹也，历年少，施泽于民未久。

"舜、禹、益相去久远，其子之贤不肖，皆天也，非人之所能为也。莫之为而为者，天也；莫之致而至者，命也。

"莫之为而为者，天也；莫之致而至者，命也"，说是"天命"，假天以应事，乃真御用之"奴儒"！应将孟子自圣庙撤出。

"匹夫而有天下者，德必若舜禹，而又有天子荐之者，故仲尼不有天下。继世以有天下，天之所废，必若桀、纣者也。故益、伊尹、周公不有天下。

"伊尹相汤以王于天下。汤崩，太丁未立，外丙二年，仲壬四年。太甲颠覆汤之典刑，伊尹放之于桐。三年，太甲悔过，自怨自艾，于桐处仁迁义。三年，以听伊尹之训己也，复归于亳。

"太甲"，《尚书》篇名，载："太甲既立，不明，伊尹放诸桐。三年复归于亳，思庸，伊尹作《太甲》三篇。"

"周公之不有天下，犹益之于夏，伊尹之于殷也。孔子曰：'唐虞禅，夏后、殷、周继，其义一也。'"

孟子只谈王道，不明大道。

7. 万章问曰："人有言'伊尹以割（切）烹要（要挟，求）汤'，有诸？"

万章知掌故，极难对付。伊尹，厨师祖师爷。

"割烹"，割肉烹羹。烹，小鱼烹之后，仍完整无缺，不会碎掉。

老子"治大国若烹小鲜"，是何等地谨慎小心！

"伊尹以割烹要汤"，"要"，要挟而得的求。想要挟人，也需有技术，以术要人。

孟子曰："否，不然。伊尹耕于有莘（国名）之野（乡下），而乐尧舜之道（天下为公之道）焉。非其义也，非其道也，禄（当动词）之以天下，弗（不）顾也。系马千驷，弗视也。非其义也，非其道也，一介（小钱，古时以介做交易物）不以与人，一介不以取诸（语词）人。

"乐尧舜之道焉"，乐尧舜天下为公之道，因有所志，故有所乐，人生有了目标，立于志。

"汤使人以币（礼）聘之，嚣（xiāo）嚣然（自得无欲貌）曰：'我何以汤之聘币为哉！我岂若处畎亩之中（乡野之中），由是以乐尧舜之道哉！'

"以乐尧舜之道"，不接汤的聘币。

"汤三（虚数，多次）使往聘之；既而幡然（改变）改曰：'与我处畎亩之中，由是以乐尧舜之道，吾岂若使是（此）君为尧舜之君哉！吾岂若使是民为尧舜之民哉！吾岂若于吾身亲见之

（本身实践出）哉！

伊尹前为乡愿态度，后来想明白了，改变心意："吾岂若使是君为尧舜之君哉！"

历代都要"致君尧舜"，不敢说"人皆可为尧舜"。

"'天之生此民也，使先知觉后知，使先觉觉后觉也。

天民，天德，天爵，天禄。"富贵在天"，富，天禄；贵，天爵。

"万物皆备于我"，天天所吃、所用即"天禄"，都是天给予的，可以使用，不能独占。

有先知先觉、有后知后觉，"使先知觉后知，先觉觉后觉"。自觉觉人，觉人，顺人，"先王有至德要道，以顺天下"（《孝经·开宗明义》）。如顺水行舟，先觉顺后觉，使之归正。成人能，觉之用也。

"'予，天民之先觉者也。予将以斯道觉斯民也；非予觉之，而谁也？'

"予，天民之先觉者"，是"天民"，自尊自贵。"将以斯道觉斯民"，将以仁为己任，自觉觉人，人人皆率性，本立而道生。

"非予觉之，而谁也？"大有舍我其谁之气势！有将大道付诸实践的雄心壮志。

书真读明白，不易！高操与否，不在乎知，而在于能行所知。不能尽为人作嫁衣裳，而忘了自己死后之衣。

真智者，糊涂一时，可不能糊涂一辈子。人刚开始，难免学究，但不要一辈子学究。读书人必要出来做些事，不能尽让流氓决定今天。

中国占世界人口前列，全中国所负之责重大，知识分子应以"先知觉后知，先觉觉后觉"。不能像"竹林七贤"，虽有知识，但什么都不做，如同行尸走肉。

人为何而活？人的价值何在？"文没在兹"，"文之道未坠于地，在人"，必要有守死善道，"仁以为己任"（《论语·里仁》），死而后已的精神。

江山代有才人出，有好人当政，一棒接一棒，国家民族才有希望，"强德未济，豫解无穷"。

"思天下之民，匹夫匹妇，有不被（披，覆盖）**尧舜之泽**（恩泽）**者，若己推而内**（纳，致）**之沟中。其自任以天下之重如此，故就**（找）**汤而说**（游说）**之以伐夏救民**（要复尧舜之道）。

伊尹"自任以天下之重如此"。

"就汤而说之以伐夏救民"，因那时面对的问题：夏桀威胁人民太甚！要复尧舜之道，使百姓能披尧舜之泽。

"吾未闻枉己（昏）**而**（能）**正人者也，况辱己**（浑，不自尊自重）**以正天下者乎！**

"枉"，昏；"辱"，浑。昏、浑，既不能正人，焉能正天下？"以其昏昏，使人昭昭"（《孟子·尽心下》），能使人明白？

"圣人之行不同也，或远（隐）**或近**（仕），**或去或不去**（留）；

归洁其身（律己）**而已矣。**

"归洁其身而已矣"，律己。人要自律，不要辱及自己。

"吾闻其以尧舜之道要汤，未闻以割烹也。《伊训》（《尚书》篇章）**曰：'天诛造**（始）**攻自牧宫，朕**（伊尹自称）**载**（始）**自亳。'"**

"宫""朕"，最早每个人都可用，后来才成为帝王专用词。

"牧宫"，夏桀之宫。"天诛造攻自牧宫"，讨伐夏桀自牧宫开始。

"朕载自亳"，伊尹事汤从亳开始。

伊尹，"圣之任者"，以天下为己任，有人品、人格，是宰相的典范。

焦循："贤达之理世务也，推正以济时物，守己以直行，不枉道而取容，期于益治而已矣。"

8. 万章问曰："或谓孔子于卫主（舍于其家）**痈疽**（雍渠），于齐主侍人（太监）**瘠环**，有诸乎？"

孟子曰："否，不然也。好事者为之也。于卫主颜雠由（卫大夫）。弥子（卫君宠臣）之妻，与子路之妻，兄弟也。弥子谓子路曰：'孔子主我，卫卿可得也。'子路以告。孔子曰：'有命。'孔子进以礼，退以义，得之不得，曰有命。

"进以礼，退以义"，礼，理也；义，宜也。慎思、明辨、笃功，绝不人云亦云。要串在一起，才使得上。脑子致密，才能办事。

"得之不得，曰有命"，不强求。

"而主痈疽，与侍人瘠环，是无义无命也。孔子不悦于鲁卫，遭宋桓司马，将要而杀之，微服而过宋。是时，孔子当阨（受困），主司城贞子，为陈侯周臣。

"吾闻观近臣，以其所为主；观远臣，以其所主。若孔子主痈疽与侍人瘠环，何以为孔子？"

9. 万章问曰："或曰：'百里奚自鬻（卖）于秦养牲者，五羊之皮，食（饲）牛，以要（求）秦穆公。'信乎？"

孟子曰："否，不然。好事者为之也。百里奚，虞人也。晋人以垂棘（地名）之璧与屈（地名）产之乘（良马），假（借）道于虞以伐虢。宫之奇谏，百里奚不谏，知虞公之不可谏而去，之（往）秦，年已七十矣。

"曾不知以食牛干秦穆公之为污也，可谓智乎？不可谏而不谏，可谓不智乎？知虞公之将亡而先去之，不可谓不智也。时举于秦，知穆公之可与有行（有所作为）也而相之，可谓不智乎？相秦而显其君于天下，可传于后世，不贤而能之乎？自鬻以成其君，乡党自好（自爱）者不为，而谓贤者为之乎？"

百里奚，人称"五羖大夫"，"显其君于天"，传于后世。

万章下

10.孟子曰:"伯夷,目不视恶色,耳不听恶声。非其君不事,非其民不使。治则进,乱则退。横(不循法度)政之所出,横民之所止,不忍居也。思与乡人处,如以朝衣朝冠,坐于涂炭也。当纣之时,居北海之滨,以待天下之清也。故闻伯夷之风者,顽夫(顽劣者)廉(廉洁),懦夫(无能者)有立(自立)志。

伯夷,反对"以暴易暴"。"圣之清者",水清无大鱼,不能用世,但可以振奋人心。"闻伯夷之风者,顽夫廉",愚顽者思清廉,"懦夫有立志",懦弱者亦思自立。

"伊尹曰:'何事(奉)非君?何使(任)非民?'治亦进,乱亦进。曰:'天之生斯民(此人)也,使先知觉后知,使先觉觉后觉。予,天民之先觉者也,予将以此道觉(觉悟)此民也。'思天下之民,匹夫匹妇,有不与被尧舜之泽者,若己推而内

（纳）之沟中，其自任以天下之重也。

伊尹，"自任以天下之重"，"圣之任者"，"治亦进，乱亦进"，治乱都要干，不坐等别人做。

"予，天民之先觉者"，看重自己，自尊自贵。"士不可以不弘毅，任重而道远。仁以为己任，不亦重乎？死而后已，不亦远乎？"（《论语·泰伯》）

"柳下惠不羞污君，不辞小官。进不隐贤，必以其道。遗佚（不被任用）**而不怨，阨穷**（陷于困窘）**而不悯**（自怜）**。与乡人处，由由然**（自得貌）**不忍去也。'尔为尔，我为我，虽袒裼**（露肩）**裸裎**（露体）**于我侧，尔焉能浼**（侮辱，污染）**我哉？'故闻柳下惠之风者，鄙夫**（鄙陋者）**宽**（宽博），**薄夫**（薄情者）**敦**（敦厚）**。**

柳下惠，"不羞污君，不辞小官"，"圣之和者"。和，发而皆中节，"和而不流，强哉矫"（《中庸》），真定的功夫。"闻柳下惠之风者，鄙夫宽"，鄙俗者为之宽阔，"薄夫敦"，刻薄者渐趋厚道。

"孔子之去齐，接（承）**淅**（淘米水）**而行**（形容动身之快）**；去鲁，曰：'迟迟吾行也。'去父母国之道**（不忍即别）**也。可以速而速，可以久而久，可以处而处，可以仕而仕，孔子也。"**

孔子去齐，"接淅而行"，速速离去，极言其动身之快！
去鲁，"迟迟吾行"，不忍即别父母之国。
"可以速而速，可以久而久，可以处而处，可以仕而仕"，时也，出处进退不失其时，"圣之时者"。时，当时，过时，不及时。

万章下
173

《易》曰："时之义大矣哉！"

孟子曰："伯夷，圣之清者也；伊尹，圣之任者也；柳下惠，圣之和者也；孔子，圣之时者也。

孔子，"进退存亡不失其正"，"圣之时者"，孔子之学即一"时"字。

中国道统是仁。仁，生也；元，生之机，元生两仪，"大哉乾元，至哉坤元"。

"孔子之谓集大成。集大成也者，金（铸钟）声而玉（特磬）振（收）之也。金声（发声）也者，始条理也；玉振之（收韵）也者，终条理也。始条理者，智（智者利仁）之事（好的开始）也；终条理者，圣（有始有卒）之事（始终如一）也。

"集大成"，"金声而玉振也"，奏乐，以钟开始发声，用磬收韵。

"金声"，"始条理者"，智之事，好的开始，利仁者；"玉振"，"终条理者"，圣之事，做事能"有始有卒"，成"圣功"。

文德之王，"修文德以来之"，文，经纬天地。

"智，譬（譬喻）则巧也；圣，譬则力也。由（犹）射于百步之外也，其至（到），尔力也；其中（射中正鹄），非尔力（在巧）也。"

"智"，巧也；"圣"，力也。犹如射箭，"其至，尔力也"，达到目标在力量；"其中，非尔力也"，射中在巧，智也，巧以成事。

"巧"，《说文》云"技也"，技艺高明。巧妙，精巧，能工巧匠，巧夺天工，巧计，巧言，巧诈。

知时，用时，"时之义大矣哉！""六位时成，时乘六龙以御天"（《易·乾·彖》）。"君子而时中"，知中不知时，为老顽固。

自此章，可知要如何用智慧。读书要能"辨"，"明辨之"才能"笃行之"。"履霜坚冰至，由辨之不早辨也"（《易·坤·文言》），达分辨的境界了，才能致用。

一部《大学》，有系统、有层次，是办事的步骤，好好学。

11. 北宫锜问曰："周室班（颁，列定）**爵禄**（标准）**也，如之何？"**

孟子曰："其详，不可得闻（知）**也。诸侯恶**（嫉）**其害己也**（古今皆一也），**而皆去**（去除，销毁）**其籍**（典籍）。

"诸侯恶其害己也，而皆去其籍"，可见删书、改书早已有之，思想控制的手段。

中国书如不删改，那真不知有多少好东西，焉会造成几千年的愚民？

"然而轲也，尝闻其略（大略）**也：天子一位，公一位，侯一位，伯一位，子、男同一位，凡五等也。**

五等爵：天子、公、侯、伯、子男。天子，亦一爵。

"天子一位"，可以贬，《春秋》"贬天子"。

乱制，以天子为世袭，世袭罔替。分子、男为二，成公、侯、伯、子、男五等爵。

"君一位，卿一位，大夫一位，上士一位，中士一位，下

士一位，凡六等。

"世卿非礼也"，不能世及，推之"君一位"，亦不应世袭。此为真正的"王制"。

乱制下的思想，与孔子"王制"思想是两回事。但《礼记·王制》已被改得乱七八糟，汉儒将当时思想掺入，已名存而实亡。

自所留下的断简残篇，亦可证知中国最早思想之所在。

"天子之制，地方千里，公、侯皆方百里，伯七十里，子、男五十里，凡四等。不能五十里，不达于天子，附于诸侯，曰附庸。天子之卿，受地视（等同）侯，大夫受地视伯，元士受地视子、男。

"元士"，天子之子，士的老大而已。

"大国地方百里，君十（十倍于）卿禄，卿禄四（四倍于）大夫，大夫倍（一倍于）上士，上士倍中士，中士倍下士，下士与庶人在官者（当差的）同禄（俸禄），禄足以代其耕（耕田收入）也。

"次（次一等）国地方七十里，君十卿禄，卿禄三大夫，大夫倍上士，上士倍中士，中士倍下士，下士与庶人在官者同禄，禄足以代其耕也。

"小国地方五十里，君十卿禄，卿禄二大夫，大夫倍上士，上士倍中士，中士倍下士，下士与庶人在官者同禄，禄足以代其耕也。

"耕者之所获，一夫百亩。百亩之粪（耕种施肥），上农夫食（养）九人，上次食八人，中食七人，中次食六人，下食五人。

庶人在官者，其禄以是为差（相差）。"

12. 万章问曰："敢问友。"

万章问交友之道。

孟子曰："不挟（有所恃）长，不挟贵，不挟兄弟而友。友也者，友其德也，不可以有挟（自恃骄人）也。

"友也者，友其德也"，以德相友。"有所挟"，乃"势利之交"，无不凶终隙末！

"孟献子，百乘（百辆兵车）之家也，有友五人焉：乐正裘、牧仲，其三人则予忘之矣。献子之与此五人者友也，无献子之家（大夫之家）者也。此五人者，亦有献子之家，则不与之友矣。

"非惟百乘之家为然也。虽小国之君亦有之。费惠公（费邑之君）曰：'吾于子思，则师（尊为师）之矣；吾于颜般，则友（结为友）之矣；王顺、长息则事（侍奉）我者也。'

"非惟小国之君为然也，虽大国之君亦有之。晋平公之于亥唐（晋贤人）也，入云则入，坐云则坐，食云则食。虽疏食菜羹，未尝不饱，盖不敢不饱也。然终于此（仅如此）而已矣。弗与共天位（共享爵位）也，弗与治天职（给予官职）也，弗与食天禄（享有俸禄）也。士之尊贤者也，非王公之尊贤也。

天位、天职、天禄，天民、天吏、天德、天爵。

"舜尚（上）见帝，帝馆（宿）甥（婿）于贰室（副宫），亦飨（招待）舜，迭为宾主（互为宾主），是天子而友（交友）匹夫也。

"用下敬上，谓之贵贵；用上敬下，谓之尊贤。贵贵、尊贤，其义一也。"

"贵贵"，前为动词，后为名词，下敬上，臣恭于君。

贵为天子，天爵自尊吾自贵，自尊自贵，在上位者，不可为匹夫行。完全在自己的修为，富贵在天。

"尊贤"，上敬下，礼于臣，礼贤下士。

见贤思齐，贤者在位。知人则明，知人则哲，知人者智，要明理，要有智慧。

13. 万章问曰："敢问交际，何心（有何用意）也？"孟子曰："恭也。"

"交际"，现用"交流"，来自日本语。

曰："却（不受）之，却之为不恭，何哉？"

"却之为不恭"，却之不恭。

曰："尊者赐之，曰'其所取之者，义（宜）乎？不义乎？'而后受之，以是为不恭，故弗却（不可推辞）也。"

曰："请无以辞（言辞）却之，以心却之，曰：'其取诸民之不义也。'而以他辞（委婉之辞）无受，不可乎？"

曰："其交也以道，其接也以礼，斯孔子受之矣。"

"交也以道"，道交之友，以道相交，以友辅仁。

"其接也以礼"，相接以礼，"礼尚往来。往而不来，非礼也；来而不往，亦非礼也。"（《礼记·曲礼》）

万章曰："今有御（阻）人于国门之外者，其交也以道，其馈也以礼，斯可受御与？"

问："以兵御人而夺人之货，如是而以礼来交接于己，那是否可受？"

曰："不可。《康诰》（《尚书·康诰》）曰：'杀越（颠躜）人于（为了）货（取货），闵（强悍）不畏死，凡民罔（无）不譈（duì，同"憝"，怨恨）。'是不待教（教诫）而诛（杀）者也。

孟子答以不可受。是杀人取货，为人所恨。

"不待教而诛者"，杀恶人即是作善。

"殷受夏，周受殷，所不辞也。于今为烈，如之何其受之？"

"殷受夏，周受殷，所不辞也。于今为烈"十四字，朱子以为衍文，说："殷受至为烈十四字，语意不伦，李氏以为此必有断简或阙文者，近之，而愚意其直为衍字耳。"腐儒不敢说真话，值得帝王利用。

"殷受夏"，天下之坏，皆自夏始，至禹而德衰。

大盗盗国，杀人越货。"三年一升迁"，还以为光彩。

古人思想在乱制下受尽了委曲，仍要保留一些真理使后人知，有朝一日可以"见之于行事"，复"天下为公"之制。

万章下

179

曰："今之诸侯，取之于民也，犹御（杀人劫财）也。苟（如）善其礼际（以礼接待）矣，斯君子受之，敢问何说也？"

问："对大盗盗国者以礼相接，君子受之，此又何说？"

曰："子以为有王者作（起），将比（连）今之诸侯而诛之乎？其教之不改，而后诛之乎？夫谓'非其有而取之者，盗也'，充类（扩充模拟）至义之尽也。

看孟子对"大盗盗国"的说辞，真是强辩！

"孔子之仕于鲁也，鲁人猎较（互相竞争），孔子亦猎较。猎较犹可，而况受其赐（馈赠）乎？"

曰："然则孔子之仕也，非事道（行道为事）与？"

曰："事道也。"

"事道奚（何以）猎较也？"

曰："孔子先簿（先立簿书）正祭器（正宗庙祭器），不以四方之食供（列入）簿正。"

曰："奚不去（离开）也？"

曰："为之兆（小试其道）也。兆足以行矣而不行（道终不行），而后去（离去）。是以未尝有所终三年淹（淹留）也。

"孔子有见行可（见其道可行）之仕，有际可（交际上有礼）之仕，有公养（国君养贤）之仕。于季桓子，见行可之仕也；于卫灵公，际可之仕也；于卫孝公，公养之仕也。"

14. 孟子曰："仕非为贫也，而有时乎为贫。娶妻非为养也，而有时乎为养。为贫者，辞尊居卑，辞富居贫。辞尊居卑，辞富居贫，恶乎宜乎？抱关击柝（城门吏）。

"孔子尝为委吏（管粮仓小吏）矣，曰'会计当而已矣'。尝为乘田（主苑囿刍牧小吏）矣，曰'牛羊茁壮长而已矣'。

孔子说："吾少也贱，故多能鄙事。"（《论语·子罕》）

"位卑而言高，罪也；立乎人之本朝，而道不行，耻也。"

"位卑而言高"，位卑，高谈阔论朝政，罪也。

"立乎人之本朝，而道不行"，在朝为官，不能行道，尸位素餐，耻也。

焦循："国有道，则能者取卿相；国无道，则圣人居乘田。量时安卑，不受言责，独善其身之道也。"

15. 万章曰："士之不托（寄托）诸侯，何也？"孟子曰："不敢也。诸侯失国，而后托于诸侯（若寓公，寄食所居之国），礼也；士之托于诸侯，非礼也。"

万章曰："君馈之粟，则受之乎？"曰："受之。"

"受之何义也？"曰："君之于氓（移民）也，固周（周济）之。"

曰："周之则受，赐之则不受，何也？"曰："不敢也。"

曰："敢问其不敢何也？"

曰："抱关击柝者，皆有常职以食于上。无常职而赐于上者，以为不恭也。"

曰："君馈之则受之，不识（知）可常继乎？"

曰："缪公之于子思也，亟（屡）问，亟馈鼎肉。子思不悦。于卒（最后）也，摽（biāo，挥）使者出诸大门之外，北面稽首（叩头），再拜而不受。曰：'今而后，知君之犬马畜（以畜养犬马对待）伋（子思的名）。'盖自是台（主使令之吏）无馈也。悦贤不能举（用），又不能养（养贤）也，可谓悦贤乎？"

曰："敢问国君欲养君子，如何斯可谓养矣？"

曰："以君命将（送）之，再拜稽首而受。其后廪人（管谷仓小吏）继粟，庖人继肉，不以君命将之。子思以为鼎肉，使己仆仆（不休貌）尔亟拜（屡次下拜）也，非养君子之道也。

"尧之于舜也，使其子九男事之，二女女（嫁）焉，百官牛羊仓廪备，以养舜于畎亩之中，后举（用）而加诸（之于）上位。故曰：王公之尊贤者也。"

贱者好自专，贤者不自专。

16. 万章曰："敢问不见诸侯，何义也？"

孟子曰："在国（朝廷），曰市井之臣。在野，曰草莽之臣。皆谓庶人。庶人不传质（贽）为臣，不敢见于诸侯，礼也。"

万章曰："庶人，召之役，则往役。君欲见之，召之，则不往见之，何也？"

曰："往役，义也；往见，不义也。且君之欲见之也，何为也哉？"

曰："为其多闻也，为其贤也。"

曰："为其多闻也，则天子不召师，而况诸侯乎？为其贤也，则吾未闻欲见贤而召之也。缪公亟见于子思，曰：'古千乘之国以友士，何如？'子思不悦，曰：'古之人有言曰事之云乎，岂曰友之云乎？'子思之不悦也，岂不曰：'以位，则子君也，我臣也。何敢与君友也？以德，则子事我者也。奚可以与我友？'千乘之君，求与之友而不可得也，而况可召与？

"齐景公田（狩猎），招虞人以旌，不至，将杀之。'志士不忘在沟壑，勇士不忘丧其元（头）'，孔子奚取焉？取非其招不往也。"

养正勇，知己之所当为。

"志士不忘在沟壑，勇士不忘丧其元"，想做有志之士，不要忘掉得常在沟壑之中，于困苦环境中去奋斗。遇事，自己好好衡量后，再去做。

曰："敢问招虞人，何以？"

曰："以皮冠。庶人以旃（zhān，曲柄的旗子），士以旗（qí，系铃装饰的旗子），大夫以旌（jīng，装饰五彩羽毛的旗子）。以大夫之招招虞人，虞人死不敢往。以士之招招庶人，庶人岂敢往哉？况乎以不贤人之招招贤人乎？欲见贤人而不以其道，犹欲其入而闭之门也。

"夫义，路也；礼，门也。惟君子能由是路，出入是门也。《诗》（《小雅·大东》）云：'周道如砥（砥，磨刀石），其直如矢；君子所履（行），小人所视。'"

礼门义路，居仁由义。

万章曰："孔子'君命召，不俟驾而行'，然则孔子非与？"

万章下

183

曰:"孔子当仕有官职,而以其官召之也。"

为公家做事,职务所在,急于从公。

17. 孟子谓万章曰:"一乡之善士(修德有成),斯(就)友(交友)一乡之善士;一国之善士,斯友一国之善士;天下之善士,斯友天下之善士。以友天下之善士为未足,又尚(上)论古之人。

此章讲交友、取善之道。

自己修养如何,就交上什么样的人。再往上,则"上论古之人"。

"颂(诵)其诗,读其书,不知其人,可乎?是以论其世也。是尚(上)友也。"

上与古人为友,"诵其诗,读其书,知其人",还要"论其世",深入讨论其时代背景,才能了解其思想真义。

18. 齐宣王问卿。孟子曰:"王,何卿之问也?"

王曰:"卿不同乎?"曰:"不同。有贵戚之卿,有异姓之卿。"

王曰:"请问贵戚之卿。"曰:"君有大过则谏,反覆之而不听,则易位。"

"君有大过则谏",大过有害于仁,守位曰仁,在其位必谋其政。

"反覆之而不听,则易位",《荀子·臣道》曰:"夺然后义,杀然后仁。上下易位，然后贞。"可见有师承。荀子所言，更为深刻。

王勃然变乎色（神色突大变）。

曰："王勿异（见怪）也。王问臣，臣不敢不以正对。"

王色定（神色平静），然后请问异姓之卿。曰："君有过则谏，反覆（反复劝谏）之而不听，则去。"

告子上

1. 告子曰："性，犹杞（qǐ）柳也；义，犹桮（bēi）棬（quān）也。以人性为仁义，犹以杞柳为桮棬。"

"杞柳"，落叶灌木，自地长出即一根，没有叶光有根，北方用以织东西。"桮棬"，用杞柳织成的杯盂。

告子言人性自然生成，但本无仁义，必加人力而成。如荀子言"人之性恶，其善者伪也"（《荀子·性恶》），伪，人为，后天的作为。

孟子曰："子能顺杞柳之性而以为桮棬乎？将戕（qiāng，残）贼（害）杞柳而后以为桮棬也。如将戕贼杞柳而以为桮棬，则亦将戕贼人以为仁义与？率天下之人而祸（害）仁义者，必子之言夫！"

告子"顺杞柳之性而以为桮棬",养性长义,应顺其自然。

孟子主张性善,以仁义乃出于固有,而非出于人为。

"率天下之人而祸仁义者,必子之言夫!"孟子爱骂人。

2. 告子曰:"性,犹湍水(急流)也。决诸东方则东流,决诸西方则西流。人性之无分于善不善也,犹水之无分于东西也。"

告子以湍水为喻,"决诸东方则东流,决诸西方则西流",主张"人性无分于善与不善也"。

孟子曰:"水信(的确)无分于东西,无分于上下乎?人性之善也,犹水之就下也!人无有不善,水无有不下。

孟子言性本善,以水为例,"人性之善也,犹水之就下也!人无有不善,水无有不下",故顺之而无不善。

"今夫水,搏(bó,拍打)而跃(跳起)之,可使过颡(sǎng,额头);激(冲激)而行之,可使在山,是岂水之性哉?其势则然也。人之可使为不善,其性亦犹是也。"

《孙子·兵势》:"激水之疾,至于漂石者,势也。"孟子以为不善,是人为造成的,不是性。

3. 告子曰:"生之谓性。"

"生之谓性",与生俱来的就是性,此告子对性的定义。

孟子曰:"生之谓性也,犹白之谓白与?"曰:"然。"

"白羽之白也，犹白雪之白；白雪之白，犹白玉之白与？"曰："然。"

"然则犬之性，犹牛之性；牛之性，犹人之性与？"

孟子以为物虽有性，然性各殊异。

"犬之性，犹牛之性；牛之性，犹人之性与？"人之异于犬牛者，正以其性善也。

4. 告子曰："食色，性也。仁，内也，非外也；义，外也，非内也。"

告子以为："食色，性也。""饮食、男女，人之大欲存焉"（《礼记》）。

告子以为仁是内，而义是外来的，"仁，内也，非外也；义，外也，非内也。"

孟子曰："何以谓仁内义外也？"

曰："彼长（名词），而我长（动词）之，非有长于我也；犹彼白，而我白之，从其白于外也，故谓之外也。"

告子以"彼长，而我长之"，"犹彼白，而我白之"，故义是外也。

曰："异于（衍文）白马之白也，无以异于白人之白也；不识长马之长也，无以异于长人之长与？且谓长者义乎？长之者义乎？"

孟子以"我以为长而尊敬之",是发自内心的,故义是发自内而非外。

曰:"吾弟则爱之,秦人之弟则不爱也,是以我为悦者也,故谓之内。长楚人之长,亦长吾之长,是以长为悦者也,故谓之外也。"

告子以弟之爱或不爱,完全以我为主,故谓之内;而敬长与否,完全以彼是否年长为主,故谓之外。

曰:"耆(嗜)秦人之炙(烧肉),无以异于耆吾炙。夫物则亦有然者也,然则耆炙亦有外与?"

孟子以"嗜炙"为喻,是自食欲,不是在外,明仁义皆由内。

5. 孟季子问公都子曰:"何以谓义内也?"曰:"行吾敬,故谓之内也。"

"乡人长于伯兄(长兄)一岁,则谁敬?"曰:"敬兄。"

"酌(斟酒)则谁先?"曰:"先酌乡人。"

"所敬在此,所长在彼,果在外,非由内也。"

"敬此长彼",所以义在外。

公都子不能答,以告孟子。

孟子曰:"敬叔父乎?敬弟乎?彼将曰:'敬叔父'。曰:'弟为尸(古时祭祀以儿童为受祭代理人),则谁敬?'彼将曰:'敬弟。'

孟子以"弟为尸"为例,应敬弟先于敬叔父,因为在尸位的

告子上

189

关系。

"子曰：'恶在其敬叔父也？'彼将曰：'在位故也'。子亦曰：'在位故也'。庸（平常）敬在兄，斯须（暂时）之敬在乡人。"

对兄与乡人亦然，平时所敬为兄，对乡人则在那场合敬重。

季子闻之曰："敬叔父则敬，敬弟则敬，果在外，非由内也。"

孟季子以为义在外，不是在内。

公都子曰："冬日则饮汤（热水），夏日则饮水（凉水），然则饮食亦在外也。"

公都子以"冬饮汤，夏饮水"为例，以为饮食也是在外。

6. 公都子曰："告子曰：'性无善，无不善也。'或曰：'性可以为善，可以为不善。是故文武兴，则民好善；幽厉兴，则民好暴。'或曰：'有性善，有性不善。是故以尧为君而有象，以瞽瞍为父而有舜；以纣为兄之子，且以为君，而有微子启、王子比干。'今曰'性善'，然则彼皆非与？"

公都子对"性善说"提出质疑。

孟子曰："乃若（因其说而转之之词）其情，则可以为善矣，乃所谓善也。若夫（至于）为不善，非才（才质）之罪也。

孟子认为性善，人的不善非才质之罪。

"恻隐之心，人皆有之；羞恶之心，人皆有之；恭敬之心，人皆有之；是非之心，人皆有之。恻隐之心，仁也；羞恶之心，义也；恭敬之心，礼也；是非之心，智也。

见《公孙丑》章谈"四端"。

"仁、义、礼、智，非由外铄（以火销金，从外而热进内）我也，我固有之（与生俱有的）也，弗思耳矣（不深思罢了）。故曰'求则得之，舍则失之'。或相倍蓰（五倍）而无算者（无数倍），不能尽其才者也。

"仁、义、礼、智，非由外铄我也"，非由外而热所致；"我固有之也"，是我本身所具有的。"弗思耳矣"，只是自己不深思罢了。

"求则得之，舍则失之"，皆自求自得，舍弃就失掉。

"或相倍蓰而无算者"，人之所以相差甚大，不可计数者，"不能尽其才者"，乃不能尽己之才。

"尽其才"，尽己之才，尽人之才，尽物之才。尽己之性，尽人之性，尽物之性，"穷理尽性以至于命"（《易·说卦传》），由性智而复性。

"《诗》（《大雅·烝民》）曰：'天生蒸（烝，众）民（众民），有物有则。民之秉（秉赋）夷（常性），好是懿（美）德。'孔子曰：'为（作）此诗者，其知道乎！'故有物必有则，民之秉夷也，故好是懿德。"

"天生蒸民"，故曰"天民"。

告子上
191

"有物有则"，"物"，含人、事、物；"则"，天则、法则。天下事皆有一定的规章，顺物找出规则，无不能处理的事。

"知道"，"率性之谓道"，道为理事之准则，"朝闻道，夕死可矣"，"闻道"重要，"知道"就能率性。

有事就有则，与生俱有的，顺着物性，找出规则，就能处理。

天则，天道；人则，人道。"德者，得也"（《管子·心术上》："德者得也，得也者，其谓所得以然也"），行有所得，故曰"德行"。

"经"，常道；"权"，知所以用理，行权必反经。"无可，无不可"，无所不可。

"唯上智与下愚，不移"（《论语·阳货》），中间即大众、常人，往往朝令夕改，见异就思迁，见利而忘义，站这山望那山高，总自以为是，在行嫌行。

天下本无事，庸人自扰之，故天下一治一乱，一是一非。庸人不知自己是庸人，总自以为是上智，尽出主意，日久习非以为是。

7.孟子曰："富岁（丰年），子弟多赖（游手好闲）；凶岁（年凶），子弟多暴（暴戾之气）。

"富岁，子弟多赖；凶岁，子弟多暴"，环境使然。虽是性善，但仍必有所凭借。

"非天之降才（才质）尔殊（如此不同）也，其所以陷溺其心者然也。

"非天之降才尔殊"，不是天生才质如此不同；"其所以陷溺其心者然也",人之所以发展有别,乃环境使然也。环境使人不同,环境重要。

"今夫麰(móu)麦(大麦),播种而耰(yōu,覆土)之,其地同,树(种)之时又同,浡然(蓬勃地)而生,至于日至之时(成熟期),皆熟矣。虽有不同,则地有肥(沃)硗(薄),雨露之养,人事之不齐也。

"人事之不齐",后天环境多所不同,人的发展乃有所别。

"故凡同类者,举(皆)相似也,何独至于人而疑之?圣人与我同类者。故龙子曰:'不知足而为屦(麻鞋),我知其不为蒉(草器)也。'屦之相似,天下之足同也。

"凡同类者,皆相似也",同类,都是人,人类。"圣人与我同类","尧舜与人同",同是人类,但"出乎其类,拔乎其萃"。
"屦之相似,天下之足同也",足同,屦相似。

"口之于味,有同耆(嗜好)也。易牙先得我口之所耆者也。如使口之于味也,其性与人殊,若犬马之与我不同类也,则天下何耆皆从易牙之于味也?至于味,天下期(期望)于易牙,是天下之口相似也。惟耳亦然。至于声,天下期于师旷,是天下之耳相似也。惟目亦然。至于子都,天下莫不知其姣(美)也。不知子都之姣者,无目者也。

"故曰:口之于味也,有同耆焉;耳之于声也,有同听焉;目之于色也,有同美焉。至于心,独无所同然乎?心之所同然

告子上
193

者，何也？谓理也，义也。圣人先得我心之所同然耳。故理义之悦我心，犹刍豢（牛羊肉）之悦我口。"

全章论证，无不围绕一个"同"字，性相近也。

"心之所同然者，何也？谓理也，义也。""义，宜也"，"和顺于道德而理于义"（《易·说卦传》），义理之学的由来，此为办事的方法。

"口之于味，有同嗜也"，"人莫不饮食，鲜能知味也"（《中庸》），"圣人先得我心之所同然耳"。

心之同，"理也，义也"，以义理养心，心安理得，故"理义之悦我心，犹刍豢之悦我口"。

心同，性同，元同，人类可以走上大同。

8.孟子曰："牛山（在今山东临淄郊外）之木尝美矣，以其郊（邻近）于大国（齐国）也，斧斤（斧头）伐之，可以为美（茂盛）乎？是其日夜之所息（生长），雨露之所润（润泽），非无萌（芽）蘖（侧生的枝芽）之生焉；牛羊又从而牧（放牧）之，是以若彼濯濯（光秃）也。人见其濯濯也，以为未尝有材焉，此岂山之性也哉？

孟子善于取譬。

"虽存乎人者，岂无仁义之心哉？其所以放（放失）其良心者，亦犹斧斤之于木也。旦旦而伐之，可以为美乎？其日夜之所息，平旦（初晓）之气，其好恶与人相近也者，几希！则其旦昼之所为，有（又）牿亡（亡失）之矣。

以山比人，人"放其良心"，放失己之良心，犹斧斤之伐木也。但良心仍时有滋息，如"平旦之气"。

白日所作所为，又使之"梏亡"，因梏桎而消亡。

"梏之反覆，则其夜气（清明之气）不足以存；夜气不足以存，则其违（离）禽兽不远矣。人见其禽兽也，而以为未尝有才焉者，是岂人之情（实）也哉？

反复搅乱良心，至夜气不足以存，则与禽兽相去亦不远矣！

人见其如禽兽，便以为他未尝有可以为善的才气，这岂是人的实情？

"故苟（真）得其养（养之道），无物不长；苟失其养，无物不消。孔子曰：'操（守）则存，舍则亡；出入无时，莫知其乡（向）。'惟心之谓与？"

此讲消长之理。心必得其养，"苟得其养，无物不长"，得其养，则无物不长。

"苟失其养，无物不消"，"养"得了解物性，"有物有则"，要适可，才能得其养。过与不及都不行，不能残害其性而养。

养心，养性。教育是爱心、耐心，因时、因材施教，因事设教，"以众生养我身，用我身慰苍生"。

"操则存，舍则亡；出入无时，莫知其向"，"惟心之谓与"，心之源，人心惟危，心猿意马，要控制这个"心"。

全操之在己。要用逆境训练自己，磨炼自己。愈是困难、复杂的环境，愈能锻炼出人的意志，"百炼之钢成绕指柔"。

告子上

9.孟子曰："无或（惑）乎王之不智也。虽有天下易生之物也，一日暴（曝晒）之，十日寒（冻）之，未有能生者也。吾见亦罕矣。吾退而寒之者至矣，吾如有萌（萌生）焉何哉？

做事，"一暴十寒"，乃缺乏恒力。恒，渐力。

"今夫弈（棋）之为数（艺），小数也；不专心致志，则不得也。弈秋，通国（全国）之善弈者也。使弈秋诲（指导）二人弈，其一人专心致志，惟弈秋之为听。一人虽听之，一心以为有鸿鹄（大雁）将至，思援弓缴（jiǎo，以绳系矢）而射之，虽与之俱学，弗若之矣。为是其智弗若与？曰非然也。"

"专心致志"，一心一意，全神贯注。

两人一同学习，一人专心致志，一人心有旁骛，"为是其智不若与？曰非然也"，不是智慧的问题，而是专心与否。

孔子开始学时，"信而好古"，"好古，敏以求之"（《论语·述而》），多么认真！有此基础，才能再往前进步。

10.孟子曰："鱼，我所欲也；熊掌（味美），亦我所欲也。二者不可得兼（兼有），舍鱼而取熊掌者也。

"鱼与熊掌，不可得兼"，天下事，哪有什么都是你得的！

"生，亦我所欲也；义，亦我所欲也；二者不可得兼，舍生而取义者也。生亦我所欲，所欲有甚于生者，故不为苟得（不当得而得）也；死亦我所恶（厌恶），所恶有甚于死者，故患有所不辟（避）也。

"舍生取义"，"义者，宜也"，见义勇为，为己之所当为。

人生就是取舍，必要有智慧。

"如使人之所欲，莫甚于生，则凡可以得生者，何不用也？使人之所恶，莫甚于死者，则凡可以辟患者，何不为也？由是则生而有不用也，由是则可以辟患而有不为也。是故所欲有甚于生者，所恶有甚于死者，非独贤者有是心也，人皆有之，贤者能勿丧耳。

"人皆有之，贤者能勿丧耳"，人人皆有此心，贤者能勿丧失此心耳。

"一箪食，一豆羹，得之则生，弗得则死。嘑（呼叫）尔而与之，行道之人弗受；蹴（脚踢）尔而与之，乞人不屑也。万钟（厚禄），则不辨礼义而受之。万钟于我何加焉？为宫室之美、妻妾之奉，所识（相识）穷乏者得我（得我之助）与？

"乡（向）为身死而不受，今为宫室之美为之；乡为身死而不受，今为妻妾之奉为之；乡为身死而不受，今为所识穷乏者得我而为之：是亦不可以已（止）乎？此之谓失其本心。"

"本心"，与生俱来的天性、良心，皆非外求的。

11. 孟子曰："仁，人心也；义，人路也。

"仁，人心也；义，人路也"，"义，路也；礼，门也。惟君子能由是路，出入是门也"，礼门义路，出入由是。

"成性存存，道义之门"（《易·系辞上传》），成性了，不要丢下

"存存"功夫，存之又存，不能丢失了。如"存钱"，愈存愈多。

"舍其路而弗由（不从），放（放失）其心而不知求，哀哉！

舍弃正路不走，丢掉本心不知求，哀哉！

"人要坏，四十开外"，什么都有了，就开始使坏了。人能修身，就不是邪道。

"人有鸡犬放（走失），则知求之；有放心，而不知求（寻求）。学问之道无他，求其放心而已矣。"

"学问之道无他，求其放心而已矣"，要把心放在腔子里，就是学问。

不要心猿意马，要诚意正心，修身养性。

12. 孟子曰："今有无名之指（无名指），屈（弯曲）而不信（伸直），非疾痛害（妨）事也。如有能信之者，则不远秦楚之路，为指之不若人也。

轻者为疾，"寡人有疾"；重者为病，"病入膏肓"。

人为了指头的毛病，不远千里求治，就为了指头不能伸直。

"指不若人，则知恶之；心（智）不若人，则不知恶，此之谓不知类也。"

焦循："舍大恶小，不知其要；忧指忘心，不向于道，是以君子恶之也。"

"类"，《说文》云："种类相似，唯犬为甚。从犬，頪声。"本义：种类。引申：物以类聚，各从其类，知类通达。

"知类"，才能"类情"，"类万物之情"，此功夫之所在。知不难，行难，不知轻重缓急，当务之为急。

指有毛病，就知厌恶；心比不上别人，却不知厌恶，这叫"不知类也"。

"心"，知也，"乾知大始"，"乾以易知"。"心不若人，则不知恶"，比不上人，还不知耻。耻不若人，"知耻之耻，无耻矣"！

13. 孟子曰："拱（两手合抱）把（一手握拢）之桐、梓（二树名），人苟欲生之，皆知所以养之者。至于身，而不知所以养之者，岂（难道）爱身不若桐梓哉？弗思甚也。"

焦循："莫知养身而养树木，失事违务，不得所急，所以戒未达者也。"

此讲养身之道。

"拱把之桐、梓，人苟欲生之，皆知所以养之者"，人都知如何培植、照顾好桐、梓，使它长大成材。"至于身，而不知所以养之者"，对自身却不知怎么去养，岂不是爱自己的身体还比不上桐树、梓树？

"弗思甚也"，太不懂得想了！如知道爱身，就应懂得养身之道，懂得怎么训练、保养自己的身体。

我从小养成早起习惯。不论在任何环境，必要训练自己，持之以恒，久了就有成效。如年轻时，没有好好养身，到老了就兑现。

"思"，心作良田百世耕，"思之思之，鬼神通之"。做任何事必要深思熟虑，不是想怎样就怎样做。

14.孟子曰："人之于身也，兼所爱（全部都爱）；兼所爱，则兼所养（保养）也。无尺寸之肤不爱焉，则无尺寸之肤不养也。所以考其善不善者，岂有他哉？于己取之（近取诸身）而已矣。

人对于自己身体，全部都爱；既知全部都爱，那就要全体保养。对尺寸之肤无不爱，那对尺寸之肤都要好好保养。

那所谓"善与不善"，岂有所不同？"于己取之而已矣"，此"近取诸身"也。

"体有贵贱，有小大。无（同"毋"）以小害大，无以贱害贵。养其小者为小人，养其大者为大人。

"无以小害大，无以贱害贵"，有小大、贵贱，分出轻重。

"养其小者为小人，养其大者为大人"，有小人、大人，就看你自己怎么养了！

"今有场师（管理场圃之师），舍其梧（梧桐）槚（jiǎ，梓树），养其樲（èr，酸枣）棘（小棘树），则为贱场师焉。养其一指，而失其肩背，而不知也，则为狼疾（错乱）人也。

"饮食之人，则人贱之矣，为其养小以失大也。饮食之人，无有失也，则口腹岂适（但）为尺寸之肤哉？"

焦循："养其行，治其正，俱用智力，善恶相厉。是以，君子居处思义，饮食思礼也。"

"饮食之人"，重口腹之欲的人。"口腹岂适为尺寸之肤哉"，吃岂止是为填饱肚子而已？

15. 公都子问曰："钧（均，同）是人也，或为大人，或为小人（普通人），何也？"

都是人，何以有的成大人，有的却成小人？

孟子曰："从（随）其大体为大人，从其小体（耳目感官）为小人。"

从其心志做事的是大人，依其耳目感官做事的是小人。

曰："钧是人也，或从其大体，或从其小体，何也？"

同样是人，何以有人能从自己心志做事？而有人却只依耳目感官做事？

曰："耳目之官（感官），不思而蔽（遮蔽）于物；物交物，则引（引诱）之而已矣。

耳目感官，喜听就听，喜看就看，不思就被声色事物所遮蔽。物与物相交接，耳目感官受到外诱之私，心就被引到远处了。

"心之官（管）则思；思则得之，不思则不得也。此天之所与（给予）我者。先立乎其大者，则其小者弗能夺也。此为大人而已矣。"

"心之官则思"，心是思考的主宰；"思则得之，不思则不得也"，学而不思，一无所得。求则得之，皆自得也。

"先立乎其大者"，先存己之心，立己心。志，心之所主，养己之心，士尚志。"则其小者弗能夺也"，则耳目之小就不被夺走了！这就是"大人"了。

焦循："天与人性，先立其大。心官思之，邪不乖越，故谓之大人也。"

16. 孟子曰："有天爵者，有人爵者。仁义忠信，乐善不倦，此天爵也；公卿大夫，此人爵（人为的爵位）也。

"仁义忠信"，乐于行善而不倦，是"天爵"。
"公卿大夫"，有地位，是"人爵"，人为的爵位。

"古之人，修其（己）天爵（先修德），而人爵从（随）之。

古人修"天爵"，而"人爵"自然跟随而来。
天爵，就是德；修天爵，即修天德。"天德好生"，人有好生的天性，所以乐善好施。

"今之人，修其天爵以要人爵（给人看）；既得人爵，而弃其天爵，则惑之甚（糊涂之至）者也。

焦循："今求人爵，以诱时也。得人弃天，道之忌也。惑以招亡，小人事也。"

今人"修其天爵以要人爵"，"天爵"是手段，作为追求"人爵"的工具，所以不是真的"天爵"，当然就不在乎德不德了！

更甚的是，"既得人爵，而弃其天爵"，得到功名利禄后，就丢掉自己的德行，糊涂到了极点！

"终亦必亡（失）而已矣。"

最后也必失去人爵，此其结果，天经地义。

"修其天爵，而人爵从之"，以修德为先，人必如此做，才有成就。

读历史，自此认识做人之道，看《二十六史》所留下的，必是有德之人。在德不在位，德高过于官位，天下乃有德者居之。

官大，不一定有成就。想有成就，失德绝对办不到。试看近代史，又留下多少人？修德为本，本立而道生。

17.孟子曰："欲贵者，人之同心（同贵）也。人人有贵于己者，弗思耳！人之所贵者，非良贵也。赵孟之所贵，赵孟能贱之。

"欲贵者"，人都自以为尊贵，同贵，"人之同心也"，人同此心，心同此理。

"人人有贵于己者"，天爵自尊吾自贵，只是"不思耳"！

"赵孟之所贵，赵孟能贱之"，赵孟能贵你也能贱你，人所给予的贵不是"良贵"。知此，复何求？不如"从吾所好"，可能还有点成就。

《诗》（《大雅·既醉》）云：'既醉以酒，既饱以德。'言饱乎仁义也，所以不愿人之膏粱之味也。令闻广誉施（加）于身，所以不愿人之文绣（华服）也。"

焦循："所贵在身，人不知求。膏粱文绣，已之所优，赵孟所贵，何能比之？是以君子贫而乐也。"

"膏"，肉之肥者；"粱"，米之精者：美味佳肴。膏粱子弟，养尊处优。

"饱乎仁义"，既有了仁义，"所以不愿人之膏粱之味"，不贪求膏粱享受。

"令闻广誉施于身"，美好的声誉加于身，真良贵也，所以不求锦衣玉食、高堂广厦。

人自身所具有可贵之处，不以人爵而尊贵，是谓"良贵"，即良知良能。

知识分子如为追逐一时的名利，寡廉鲜耻，出卖良知，岂不是作践自己！

18. 孟子曰："仁之胜不仁也，犹水胜火。今之为（行）仁者，犹以一杯水，救一车薪之火也；不熄，则谓之水不胜火，此又与（助）于不仁之甚者也，亦终必亡（无仁）而已矣。"

"仁之胜不仁也"，仁德者必胜过不仁者，犹如水必胜过火。

今之行仁者，自己有所不足，就如"以一杯水，救一车薪之火"，无济于事也。

"不熄，则谓之水不胜火"，火不能灭，说是水不能胜火，此更助长不仁之风，致一般人也行不仁之事了！

焦循："为仁不至，不反诸己，谓水胜火，熄而后已。不仁之甚，终必亡矣。为道不卒，无益于贤也。"

19. 孟子曰："五谷者，种之美者也；苟（如）**为不熟，不如莠稗**（草之似谷者，亦可食）**。夫仁，亦在乎熟之而已矣。"**

"五谷"，稻、黍、稷、麦、菽，"种之美者也"，是所有种子中最美的。"苟为不熟"，五谷若不熟，"不如莠稗"。莠稗，草之似谷者，长于低湿地，但不如五谷美味，可备凶年用。山东煎饼，面就用稗子。

行仁，必修至"熟"的境界，才能够"普福利，广美利"。如是假慈悲，那还不如不做。不论是做人或是做学问，都要彻底。

济世之仁，烂熟于胸，技精艺良，才可以救人济世。

20. 孟子曰："羿之教人射，必志于彀（拉满弓）**；学者亦必志于彀。大匠诲人，必以规矩；学者亦必以规矩。"**

"大匠诲人，必以规矩"，没有规矩，不能成方圆，也难以成才。

做人也有规矩，做人为第一要义，平时就要有素养，不修养不能成才。

志，心之所主，尚志，内求，志不可夺。素养，平日有所用心。

规，圆；矩，方。不论做人或是做事，谁也不能离开规矩，是入手处。"虽有巧手，弗循规矩，不能正方员。"（《春秋繁露·楚庄王》）

此章讲做人的基本要求，道在近不必求诸远。

学术，需要时间的累积，是火候、功夫所在，必要持之以恒。"一法通，百法通。"

告子下

21. 任人（任国人）有问屋庐子（孟子弟子）曰："礼与食孰重？"曰："礼重。"

"色与礼孰重？"曰："礼重。"

曰："以礼食，则饥而死；不以礼食，则得食，必以礼乎？亲迎，则不得妻；不亲迎，则得妻，必亲迎乎！"

屋庐子不能对，明日之邹以告孟子。

孟子曰："于答是（这些问题）也何有？不揣（测度）其本，而齐其末，方寸之木，可使高于岑楼（培塿，山丘）。金重于羽者，岂谓一钩（带钩）金，与一舆（车）羽之谓哉？取食之重者，与礼之轻者而比之，奚翅（啻）食重？取色之重者，与礼之轻者而比之，奚翅（何止）色重？

"不揣其本，而齐其末"，不立好根本就重细枝末节，是舍本逐末。

"方寸之木，可使高于岑楼"，方寸小木可使高于山丘，但根基不稳。"物有本末，事有终始，知所先后，则近道矣。"（《大学》）

"往应之曰：'紾（扭）兄之臂而夺之食，则得食；不紾，则不得食，则将紾之乎？逾东家墙（墉）而搂（抱）其处子，则得妻；不搂，则不得妻，则将搂之乎？'"

焦循："临事量宜，权其轻重，以礼为先，食色为后，若有偏殊，从其大者。"

持家之术，调和鼎鼐。幸福就是真学问。

平心静气才能成就自己。遇事要客观，冷眼旁观，以时事作消遣，也可以得到启发，开启自己的智慧。

书读得多，有了经验，再加以体悟，哪天临到自己上阵了，就可以知应世之道，知应该怎么走。

22. 曹交（曹国君之弟）问曰："人皆可以为尧舜，有诸？"孟子曰："然。"

"人皆可以为尧舜"，有这一回事？可见古时确有此说。
如舜之有为，"有为者，亦若是"，人人皆可以为尧舜。

"交闻文王十尺，汤九尺，今交九尺四寸以长，食粟而已（无其他才能），如何则可？"

曰："奚有于是？亦为之而已矣。有人于此，力不能胜一匹雏（小鸡），则为无力人矣。今日举百钧（三千斤），则为有力人矣。然则举乌获之任，是亦为乌获（力士）而已矣。夫人岂以不胜为患哉？弗为耳。

"非不能，是不为也"，在于你自己"为"与"不为"。

"徐（慢）行后长者谓之弟，疾行先（在前）长者谓之不弟。夫徐行者，岂人所不能哉？所不为也。

弟，善事其长，在行，不是能不能。

"尧舜之道，孝弟而已矣。子服尧之服，诵尧之言，行尧之行，是尧而已矣；子服桀之服，诵桀之言，行桀之行，是桀而已矣。"

"尧舜之道，孝弟而已矣"，"孝弟也者，其为仁之本矣"，孝友，人人皆可行，"人人亲其亲，长其长，而天下平"。

"子服尧之服，诵尧之言，行尧之行，是尧而已矣"，你有尧的模样、言行，你就是尧；"子服桀之服，诵桀之言，行桀之行，是桀而已矣"，你有桀的模样、言行，你就是桀。是尧或是桀，完全操之在你自身。

曰："交得见于邹君，可以假（借用）馆，愿留而受业于门。"曰："夫道，若大路然，岂难知哉？人病（毛病）不求耳。

焦循："天下大道，人并由之。病于不为，不患不能。"

"道，若大路然"，"率性之谓道"，很平常，"岂难知哉？"人的毛病在不求耳。

"子归而求之，有余师。"

"行有余力，则以学文"（《论语·学而》），就在生活中力行，不必出远门求仙拜佛。

23. 公孙丑问曰："高子（齐人）曰：'《小弁（pán）》（《诗·小雅·小弁》亲之过大者），小人之诗也。'"

孟子曰："何以言之？"曰："怨。"

曰："固（固执不通）哉，高叟之为（治）《诗》也！有人于此，越人关（弯）弓而射之，则已谈笑而道（说）之，无他，疏（关系不近）之也。其兄关弓而射之，则已垂涕泣而道之，无他，戚（哀痛在心）之也。《小弁》之怨，亲亲也；亲亲，仁也。固矣夫，高叟之为《诗》也！"

焦循："生之膝下，一体而分，喘息呼吸，气通于亲。当亲而殊，怨慕号天，是以《小弁》之怨，未足为愆也。"

"怨"，哀怨之情，亲亲也。

曰："《凯风》（《诗·邶风·凯风》表孝思），何以不怨？"

曰："《凯风》，亲之过小者也；《小弁》，亲之过大者也。亲之过大而不怨，是愈（益）疏也。亲之过小而怨，是不可矶（激，容忍）也。愈疏，不孝也；不可矶，亦不孝也。孔子曰：'舜其至孝矣，五十而慕（怨慕）。'"

"舜其至孝矣，五十而慕"，大孝尊亲。

告子下

24. 宋轻（kēng）将之（往）楚，孟子遇于石丘（地名）。曰："先生将何之？"

曰："吾闻秦楚构兵（交战），我将见楚王说而罢之。楚王不悦，我将见秦王说而罢之。二王，我将有所遇焉。"

曰："轲也请无问其详，愿闻其指（旨）。说之将何如？"曰："我将言其不利也。"

以利劝说，"合于利而动，不合于利而止"（《孙子·九地》）。

曰："先生之志则大矣，先生之号（号召）则不可。先生以利说秦楚之王，秦楚之王悦于利，以罢三军之师，是三军之士乐罢而悦于利也。

"为人臣者，怀利以事其君；为人子者，怀利以事其父；为人弟者，怀利以事其兄。是君臣、父子、兄弟终去仁义，怀利以相接，然而不亡者，未之有也。

"先生以仁义说秦楚之王，秦楚之王悦于仁义，以罢三军之师，是三军之士乐罢而悦于仁义也。为人臣者怀仁义以事其君，为人子者怀仁义以事其父；为人弟者怀仁义以事其兄。是君臣、父子、兄弟去利怀仁义以相接也。然而不王者，未之有也。何必曰利！"

焦循："上之所欲，下以为俗。俗化于善，久而致平；俗化于恶，失而致倾。是以君子创业，慎其所以为名也。"

25. 孟子居邹，季任（任君之弟）为任处守（留守），以币交，受之而不报。处于平陆（齐邑），储子（齐相）为相，以币交，受之而不报。他日由邹之（往）任，见季子；由平陆之齐，不见储子。屋庐子喜曰："连（屋庐子之名）得闲（机会）矣。"

问曰："夫子之任见季子，之齐不见储子，为其为相（储子是宰相）与？"曰："非也。《书》曰：'享（献）多仪（礼），仪不及物曰不享，惟不役（使用）志于享。'为其不成享（缺乏诚意）也。"

焦循："君子交接，动不违礼，享见之仪，亢答不差，是以孟子或见或否，各以其宜也。"

屋庐子悦。或问之。屋庐子曰："季子不得之邹，储子得之平陆。"

26. 淳于髡（齐人，善辩）曰："先（xiǎn）名实者，为（wèi）人（造福于人）也；后名实者，自为（独善其身）也。夫子在三卿之中，名实未加于上下而去之，仁者固如此乎？"

孟子曰："居下位，不以贤事不肖者，伯夷也；五就汤，五就桀者，伊尹也；不恶污君，不辞小官者，柳下惠也。三子者不同道，其趋（旨趣）一也。一者何也？曰：仁也。君子亦仁而已矣，何必同？"

"君子亦仁而已矣，何必同"，以仁存心，则一也。

曰："鲁缪公之时，公仪子（鲁相）为政，子柳（泄柳）、子思为臣，鲁之削（弱）也滋甚。若是乎贤者之无益于国也？"

曰："虞不用百里奚而亡，秦穆公用之而霸。不用贤则亡，削何可得与！"

告子下
211

曰："昔者王豹（卫人）处于淇（水名），而河西善讴（歌唱）；绵驹（齐人）处于高唐（齐西城邑），而齐右（齐西）善歌；华周（齐大夫）、杞梁（齐大夫）之妻善哭其夫（夫战死），而变国俗。有诸内必形诸外。为其事而无其功者，髡未尝睹之也。是故无贤者也，有则髡必识之。"

"有诸内必形诸外"，皆"诚于中，形于外"（《大学》），骗不了人！

曰："孔子为鲁司寇，不用（不受重用），从而祭，燔肉（祭肉）不至，不税（脱）冕而行（去之速）。不知者以为为肉也，其知者以为为无礼也。乃孔子则欲以微（小）罪行，不欲为苟去（无故离开）。君子之所为，众人固不识也。"

焦循："见几而作，不俟终日。孔子将行，冕不及税，庸人不识，课以功实。淳于虽辨，终亦屈服，正者胜也。"

27. 孟子曰："五霸者，三王之罪人也；今之诸侯，五霸之罪人也；今之大夫，今之诸侯之罪人也。

深味之，况一代不如一代！

"天子适（往）诸侯曰巡狩，诸侯朝于天子曰述职。春省耕而补不足，秋省敛（收成）而助不给（不能自给自足）。

"巡狩"，巡视所守，有守土之责，察各地治绩如何。

"入其疆，土地辟（开辟），田野治（整理妥善），养老尊贤，俊杰在位，则有庆（善绩），庆以地（加封土地）。入其疆，土地荒芜（不治），遗老失贤，掊克（搜刮）在位，则有让（责罚）。

治国以教养为重。

"一不朝，则贬其爵；再不朝，则削其地；三不朝，则六师移之。是故天子讨而不伐，诸侯伐而不讨。

"讨"，言寸，意为言论、法度，声讨，讨有罪；"伐"，人戈，意为砍杀、伐叛，口诛笔伐，伐谋，伐交。

"天子讨而不伐"，下令讨不服天下者；"诸侯伐而不讨"，奉天子命令，出师伐不服天下者。

"五霸者，搂（曳聚）诸侯以伐诸侯者也：故曰：五霸者，三王之罪人也。五霸，桓公为盛。葵丘之会诸侯，束牲、载书而不歃血（沥血以誓）。初命曰：'诛不孝，无易（更）树子（储子），无以妾为妻。'再命曰：'尊贤育才，以彰有德。'三命曰：'敬老慈幼，无忘（不能怠慢）宾旅（旅客）。'四命曰：'士无世官（世代相袭），官事无摄（兼任），取士必得，无专（专断）杀大夫。'五命曰：'无曲防（筑堤防断水源），无遏籴（货通有无），无有封（专封）而不告（告天子）。'曰：'凡我同盟之人，既盟之后，言归于好。'

"士无世官，官事无摄"，各有其位，在位谋政。

齐桓，五霸之首，"九合诸侯，不以兵车"，孔子以为是管仲之仁，称"乃其仁，乃其仁"。

霸者假仁，如再往前进步，则可成王者，"齐一变至于鲁"；王者再往前进步，"鲁一变至于道"（《论语·雍也》），大道之行也，天下为公。

"今之诸侯，皆犯此五禁，故曰：今之诸侯，五霸之罪人也。

今之诸侯，皆犯此五禁，僭越擅专，故曰"五霸之罪人"。

"长君之恶其罪小，逢（迎合）君之恶其罪大。今之大夫，皆逢君之恶，故曰：今之大夫，今之诸侯之罪人也。"

"逢君之恶"，先意承欢，逢迎拍马，导君为非，故曰"罪大"。人就喜听好话，能受谏，也要有肚量。

28. 鲁欲使慎子（慎到，赵人，法家人物）为将军。

孟子曰："不教民而用之，谓之殃民。殃民者，不容于尧舜之世。一战胜齐，遂有南阳（齐地），然且不可。"

焦循："招携怀远，贵以德礼，及其用兵，庙胜为上，战胜为下，明贱战也。"

"不教民而用之，谓之殃民"，穷兵黩武，发动群众战争，"以不教民战，是谓弃之"（《论语·子路》）。

"殃民者，不容于尧舜之世"，尧舜行"仁政"，仁者爱人，当然不杀。

慎子勃然不悦曰："此则滑釐（慎到之名）所不识也。"

曰："吾明告子（慎子）：天子之地方千里（王畿），不千里不

足以待诸侯。诸侯之地方百里，不百里不足以守宗庙之典籍。周公之封于鲁，为方百里也，地非不足，而俭（止）于百里。太公之封于齐也，亦为方百里也，地非不足也，而俭于百里。今鲁方百里者五，子以为有王者作，则鲁在所损（减少）乎？在所益乎？徒取诸彼以与此，然且仁者不为，况于杀人以求之乎？君子之事君也，务引（导）其君以当道（合于事理），志于仁而已。"

"苟志于仁矣，无恶也"（《论语·里仁》），真有志于仁，又怎会做缺德事？

29. 孟子曰："今之事君者曰：'我能为君辟（开辟）土地，充府库（充实国库）。'今之所谓良臣，古之所谓民贼也。君不乡（向）道，不志于仁，而求富之，是富桀也。'我能为君约与国（结交盟国），战必克（胜）。'

焦循："善为国者，以藏于民。贼民以往，其余何观？"

不以仁道事君，鸣鼓攻过。

"今之所谓良臣，古之所谓民贼也。君不乡道，不志于仁，而求为之强战，是辅桀（助桀为虐）也。由今之道，无变今之俗，虽与之天下，不能一朝居（守）也。"

焦循："变俗移风，非乐不化。以乱济民，不知其善也。"

"由今之道，无变今之俗"，不改变当前的不良风气，"虽与

告子下

215

之天下，不能一朝居也"，无德不能成事，天下有德者居之。

30. 白圭（名丹，商圣）曰："吾欲二十而取一，何如？"

孟子曰："子之道，貉（mò，北方夷狄之一）道也。万室之国，一人陶（烧窑），则可乎？"曰："不可，器不足用也。"

曰："夫貉，五谷不生，惟黍生之。无城郭、宫室、宗庙、祭祀之礼，无诸侯币帛（往来馈赠）、饔飧（设宴款待），无百官有司，故二十取一而足也。

"今居中国，去人伦，无君子，如之何其可也？陶以寡，且不可以为国，况无君子（官吏）乎？欲轻之于尧舜之道者，大貉小貉也。欲重之于尧舜之道者，大桀小桀（喻暴虐程度，与桀不相上下）也。"

焦循："今之居中国，当行礼义，而欲效夷貉无人伦之叙，无君子之道，岂可哉？"

31. 白圭曰："丹之治水也愈（胜过）于禹。"

孟子曰："子过矣！禹之治水，水之道（疏导）也。是故禹以四海为壑（深沟），今吾子以邻国为壑。水逆行，谓之洚（jiàng）水。洚水者，洪（大）水也，仁人之所恶也。吾子过矣！"

"以邻为壑"，嫁祸于邻。

"水逆行"，水受阻而逆流，则下游将漫流成灾，造成大水灾。"仁人之所恶也"，哪有仁人以邻为壑？

焦循："君子除害，普为人也。白圭壑邻，亦以狭矣。是故贤者志其大者、远者也。"

32. 孟子曰："君子不亮（明，诚信），**恶乎执**（守）？"

"亮"，谅，小诚信，"匹夫匹妇之为谅也"（《论语·宪问》），"君子贞而不谅"（《论语·卫灵公》）。

"执"，执事，主持。"所恶执一者，为其贼道也"，"执中无权，犹执一也。所恶执一者，为其贼道也，举一而废百也"（《孟子·尽心上》）。

今人不重信，应注意。"朋友信之"（《论语·公冶长》），"与朋友交，言而有信"（《论语·学而》），"忠信，所以进德也"，"无信不立"（《论语·颜渊》），有德才成就事业。

33. 鲁欲使乐正子（孟子弟子）为政。孟子曰："吾闻之，喜而不寐。"

公孙丑曰："乐正子强乎？"曰："否。""有知（智）虑乎？"曰："否。""多闻识乎？"曰："否。""然则奚为喜而不寐？"曰："其为人也好善。"

"好善足乎？"曰："好善优于天下，而况鲁国乎！夫苟好善，则四海之内，皆将轻千里而来，告之以善。夫苟不好善，则人将曰：'訑訑（yí，放纵自是），予既已知之矣。'訑訑之声音颜色，距（拒）人于千里之外。士止于千里之外，则谗谄面谀之人至矣。与谗谄面谀之人居，国欲治，可得乎？"

"舜好问，好察迩言"，"禹拜昌言"。乐善好施，悠然自得，一切绰绰有余。

告子下

217

焦循："好善从人，圣人一概。禹闻谠言，答之而拜。訑訑吐之，善人亦逝，善去恶来，道若合符。"

34.陈子曰："古之君子，何如则仕？"

孟子曰："所就三，所去三。迎之致敬以有礼，言将行其言也，则就之；礼貌未衰，言弗行也，则去之。

"其次，虽未行其言也，迎之致敬以有礼，则就之；礼貌衰，则去之。

"其下，朝不食，夕不食，饥饿不能出门户。君闻之曰：'吾大者不能行其道，又不能从其言也，使饥饿于我土地，吾耻之。'周（周济）之，亦可受也；免死而已矣。"

焦循："仕虽正道，亦有量宜。听言为上，礼貌次之，困而免死，斯为下矣。备此三科，亦无疑也。"

35.孟子曰："舜发（兴起）于畎亩（田野）之中，傅说（发明"版筑法"，被武丁起用）举于版筑之闲，胶鬲（纣之大臣，原贩卖鱼盐）举于鱼盐之中，管夷吾（管仲）举于士（狱），孙叔敖举于海（淮海），百里奚举于市（市集做买卖）。

"故天将降大（重）任于是人也，必先苦其心志，劳其筋骨，饿其体肤，空乏（匮乏）其身，行拂（逆）乱其所为，所以动心（心竦动）忍性（性坚忍），曾（增）益其所不能。

焦循："圣贤困穷，天坚其志；次贤感激，乃奋其虑；凡人佚乐，以丧知能。贤愚之叙也。"

曾文正家，一切皆有法度，是有法度的世家，所以后代子孙都不错。

"人恒（常）过，然后能改；困于心，衡（横，不顺）于虑，而后作（兴，奋发）；征（验证）于色，发于声，而后喻（明白）。

"征于色"，于表情上征验。由人的表情，可以明白事之所以，一切皆有一定之法度，善察之！

"入（国内）则无法家（法度世臣）拂（弼）士（辅佐贤士），出（国外）则无敌国外患者，国恒亡。然后知生于忧患而死于安乐也。"

此章告诉人：一切生存，皆自忧患中得来。

"人之有德慧术知者，恒存乎疢疾。独孤臣孽子，其操心也危，其虑患也深，故达。"（《孟子·尽心上》）

36.孟子曰："教亦多术（方法）矣。予不屑之教诲也者，是亦教诲之而已矣。"

焦循："学而见贱，耻之大者；激而厉之，能者以改。教诲之方，或折或引，同归殊涂，成之而已。"

"教亦多术"，方法不一，因材施教。"不屑之教"，也是教诲之一，因其材而笃之。

"孺悲欲见孔子，孔子辞以疾。将命者出户，取瑟而歌，使之闻之。"（《论语·阳货》）

尽心上

1.孟子曰："尽其心者，知其性也。知其性，则知天（天命）矣。

焦循："尽心竭性，所以承天，夭寿祸福，秉性不违，立命之道，惟是为珍。"

此章谈安身立命之道。

"尽其心"，"尽"，一点也不保留，完全发挥出来；"心"，本心，赤子之心，与生俱来的、没有污染的心。不加以保留，尽己心，不丢失赤子之心。能尽己之性，就能尽人之性、尽物之性。

"知其性，则知天"，在天曰命，在人曰性，命、性、心，一也。

"存其心，养（直养）其性，所以事（事奉）天（天所赋予的）也。

"存其心"，存己心，存己性；"配天"，替天行道；"大道之行也，天下为公"。

"养其性"，"人之生也直"，"直养而无害"，将天所赋予的，不因己之私欲，而使之丧失。

"事天"，事，奉承而不违；天，天子，天民。

事元，奉元，继天奉元，齐天者大，承天者至，"大哉至哉"乃统天。顺承天，则天，"与天地合其德"，"与天地参矣"。

"殀（短命）寿（长寿）不贰，修身以俟之，所以立命也。"

"殀寿不贰"，不论长寿或是短命，就尽己之所能，一心一意去做，而无有所疑贰。

"修身以俟之"，存心养性，"居易以俟命"，等待成就天命；"所以立命也"（《中庸》），"五十而知天命"（《论语·为政》），立于天命之中，"与天地参矣"。

"养心莫善于寡欲"，想有成就必自"寡欲"入手，"本来无一物"，"终日乾乾"，始终如一。

这是"无上正等正觉"，正知正见的大智慧。能有大担当，必有大的修为，内圣外王。用"聪明睿智，神武不杀"，聪，明四目，达四聪，尧为文祖；"神武不杀"，全敌，既没有残暴，也没有杀戮。

想成事，必得大本立，本立而道生。

2. 孟子曰："莫非命也，顺受其正。是故知命者，不立乎岩（险峻）墙之下。

焦循："人必趋命，贵受其正。岩墙之疑，君子远之。"

尽心上

在天曰命，"各正性命"。"顺受其正"，"顺"，直养而无害；"正"，止于一，元。"各正性命，保合太和，乃利贞"，顺承天命，养正。

"知命"，"五十而知天命"，知命者不立于危墙之下。

"尽其道而死者，正命也。桎梏（脚镣手铐）死者，非正命也。"

"尽其道而死者，正命也"，"率性之谓道"，要立身行道，正己之性命，"居易以俟命"，为得正命也。《尚书·洪范》"考终命"，寿终正寝。

"桎梏死者"，陷于罪而受刑，"非正命也"。

3. 孟子曰："求则得之，舍则失之，是求有益于得也；求在我者也。求之有道，得之有命，是求无益于得也；求在外者也。"

焦循："为仁由己，富贵在天，故孔子曰'如不可求，从吾所好'。"

"富贵在天"，"听天命，尽人事"。

"求"，求生，求学，求婚，曲求，求救，不忮不求。

"求则得之"，皆自求、自得，"求其在我"。"得"，《说文》云："行有所得也。"求而有获。

4. 孟子曰："万物皆备于我矣。反身而（能）诚，乐莫大焉。

是"天民"，上天必孝敬你，一切万物皆为你而准备，"万物皆备于我"，享有"天禄"。故人必为万物主，是"天主"，有"天爵"，自尊自贵，不必贪财、贪色。

享"天禄"，人皆有使用权，没有所有权，没有特权，也不能独占。

为政，"四海困穷，天禄永终"（《论语·尧曰》），政权也就结束了。

"大哉乾元，万物资始，乃统天"，"天地之大德曰生"，生而不有，无私，尚公。

"反身而诚"，"诚者，天之道；诚之者，人之道"（《中庸》），天心即我心，"为仁由己"，"在明明德"，所以"乐莫大焉"。

"强恕而行，求仁莫近焉。"

焦循："每必以诚，恕己而行，乐在其中，仁之至也。"

"强恕而行"，"恕"，如心，将心比心，己所欲施之于人。一般人难以做到，必"勉强而行之"。

"人一己十，人百己千"，这是第一步，"虽愚必明，虽柔必强"（《中庸》）；更进一步，尽己之性，尽物之性，成己成物。尽人之性，己立立人，己达达人。

"求仁莫近焉"，求仁，仁者爱人，而无不爱也。爱人如己，"求仁得仁，又何怨"（《论语·述而》）？

5. 孟子曰："行之而不著（知之明）焉，习矣而不察（识之精）焉，终身由之，而不知其道者，众也。"

焦循："人有仁端，达之为道。凡夫用之，不知其为宝也。"

"百姓日用而不知"，行之不著，习矣不察，一切漫不经心，不知其所以，故少有行君子之道者。

"终身由之而，而不知其道者，众也"，一般人每天过活，知其然，而不知其所以然。"道"，率性，"朝闻道，夕死可矣"（《论语·里仁》）。

6. 孟子曰："人（主词）**不可以无耻**（无羞耻心）**；无耻之耻**（天天不忘耻），**无耻矣。"**

焦循："耻身无分，独无所耻，斯必远辱，不为忧矣。"

"人不可以无耻"，人不可以没有羞耻心。"行己有耻"（《论语·子路》），有"羞恶之心"。

以"为耻"为"可耻"，天天不忘"耻"，就"无耻矣"！

7. 孟子曰："耻之于人大（太重要）**矣！为**（行）**机变之巧**（喜耍诈）**者，无所用耻焉。**

"耻之于人大矣"，"耻"对于个人而言太重要了，因为"人不可以无耻"。

蒋伯潜："盖无耻者，非机变之小人，即甘为人下之懦夫，故曰'耻之于人，大矣'。以机心变诈之巧术，欺人害人者，其无形之阴陷，反较有形者为阴险也。"

"为机变之巧者"，尽耍诈，不知上进，没有羞耻心，自甘下流，"无所用耻焉"，无所用其羞耻之心，想成事难！"君子进德修业"，每天战战兢兢临事。

"不耻（不能反躬自省）不若人（不如人），何若人有？"

"不耻不若人"，自己不如人，而不以为可耻，则"何若人有"？当然事事不如人了！

8.孟子曰："古之贤王，好善而忘势（权势）。

焦循："尊贤，以贵下贱。"

"好善"，乐道，乐天之道，自强不息，日进不已；"忘势"，忘人为的权势，"势利之交，无不凶终隙末"。

"古之贤士，何独不然，乐其（己）道而忘人之势。

焦循："乐道忘势，不以富贵动心之分也。"

乐道守志，忘人之势。

"故王公不致敬尽礼，则不得亟（屡）见之。见且由不得亟，而况得而臣（动词，作臣下）之乎？"

焦循："各崇所尚，则义不亏矣。"

"不事王侯，高尚其事"（《易·蛊》），"富而可求也，虽执鞭之士，吾亦为之。如不可求，从吾所好"（《论语·述而》）。

9.孟子谓宋句践（战国时人）曰："子好游乎？吾语子游。人知之亦嚣嚣（自得无欲貌），人不知亦嚣嚣。"

焦循："内定常满，嚣嚣无忧，可出可处，故云以游。"

不在人知、不知，悠然自得。

曰："何如斯可以嚣嚣矣？"曰："尊德乐义，则可以嚣嚣矣。

"尊德乐义"，不把人世的得失放在心上，则可以自得其乐。

"故士穷不失义（贫贱不能移），**达不离道**（富贵不能淫）。

蒋伯潜："士虽穷困，不可失义；即使显达，也不可离开素来所怀抱的道德。贫贱不能移，故穷则不失义；富贵不能淫，故达不离道。"

"穷不失义，达不离道"，不论贫贱，或是富贵，都不能移己之志，素贫贱行乎贫贱，素富贵行乎富贵。

"穷不失义，故士得己焉；达不离道，故民不失望焉。

蒋伯潜："得己者，不失自己的身分也。穷而失义，则失自己的身分；达而离道，则人人都对他失望了。"

"古之人，得志，泽（恩泽）**加于民；不得志，修身见于世。穷则独善其身，达则兼善天下。"**

"得志，泽加于民"，得志了，在位谋政，使百姓受惠，因"小人怀惠"。

"不得志，修身见于世"，不得志，不为世俗撼动己志。"不易乎世，不成乎名，遁世无闷，不见是而无闷，乐则行之，忧则违之，确乎其不可拔，潜龙也。"（《易·乾·文言》）

"穷则独善其身"，不为世用，则"藏道于民"，"有教无类"；"达则兼善天下"，行天下为公之大道。

10. 孟子曰："待文王而后兴〔起〕者，凡民〔后觉者，一般庸凡之辈〕也。若夫豪杰之士〔先觉者，有志之士〕，虽无文王犹兴。"

焦循："小人待化，乃不辟邪；君子特立，不为俗移，故称豪杰自兴也。"

蒋伯潜："有志之士，则能自奋，不为环境所囿，不为时势所抑，故虽无鼓舞教导之者，尚能奋发有为，日进于善也。"

"待文王而后兴者"，后觉者；"凡民"，一般人，"学而知之者"。"人不学，不知道"，"率性之谓道"，尽己之性。

伏羲又向谁学了？伏羲仰观俯察，师法大自然，"近取诸身，远取诸物"，作八卦，"以通神明之德，以类万物之情"。

孔子"好学"，"夫子焉不学？而亦何常师之有"（《论语·子张》），学无常师，有"集大成"的成就。

惊天动地的英雄，不待人教，是先觉者。看己太轻，作践自己；视己过重，忽略别人：皆不成才，没出息！

11. 孟子曰："附〔加〕之以韩魏之家〔世家，富贵之家〕，如其自视欿〔kǎn〕然〔不自满〕，则过人远矣。"

焦循："人情富盛，莫不骄矜，若能欿然，谓不如人，非但免过，卓绝乎凡也。"

"素富贵行乎富贵"，"富贵不能淫"，不以富贵为怀，不因富贵而改变己之志于道。

12. 孟子曰："以佚道使民，虽劳不怨。以生道杀民，虽死不怨杀者。"

焦循："劳人欲以佚之，杀人欲以生之，则民无怨憝（dú，恨）也。"

"佚道使民"，教民耕种，虽是辛劳，但有收获，将来有安逸日子可以过，所以"虽劳不怨"。

"以生道杀民"，杀恶人即是做善事，因其侵害别人之所有，罪有应得，则"虽死不怨杀者"。

13. 孟子曰："霸者之民，驩（huān）虞如（欢娱貌）也；王者之民，皞皞（hào，同"浩"）如（广大自得貌）也。杀之而不怨，利之而不庸（功），民日迁善而不知为之者。

焦循："王政皞皞，与天地同道。霸者德小，民人速覩：是以贤者志其大者也。"

"微管仲，吾其被发左衽矣"，"桓公九合诸侯，不以兵车，管仲之力也。如其仁！如其仁！"（《论语·宪问》）仁者爱人，不杀。假仁者霸，霸者之治有意为之，故民易知之，百姓欢娱如也。

王者，天下所归往，"不识不知，顺帝之则"（《诗经·大雅·皇矣》），顺其自然，王者利民，民亦不知其功劳，"帝力于我何有哉？""王者之民，皞皞如也"，广大自得。

"夫君子所过者化，所存者神，上下与天地同流，岂曰小

补之哉！"

"君子"，成德之谓；"所过者化"，化民成俗；"所存者神"，"神而化之，使民宜之"，有遗爱在人。

"上下与天地同流"，日月光华，"唯天为大，唯尧则之"，"天地位焉，万物育焉"，四时行，万物育，"天何言哉？四时行焉，百物生焉，天何言哉"？

"岂曰小补之哉"，岂能说只是小补！

14. 孟子曰："仁言，不如仁声之入人深也。

"仁言"，文宣，光说不练，口惠实不至。
"仁声"，"善歌者，使人继其声"，入人之深！

"善政，不如善教之得民也。善政民畏之，善教民爱之；善政得民财，善教得民心。"

焦循："明法审令，民趋君命；崇宽务化，民爱君德：故曰移风易俗，莫善于乐。"

"善政"，善于为政，"导之以政，齐之以刑，民免而无耻"，民畏之；"善教"，"导之以德，齐之以礼，有耻且格"，"以文德来之"，"以德服人者，中心悦而诚服也"，民爱之。

"善政得民财"，以整理财政为第一要务，但人亡政息；"善教得民心"，得民心者得天下。

15. 孟子曰："人之所不学而能者，其良能也；所不虑而知者，其良知也。

焦循："本性良能，仁义是也。达之天下，恕乎已也。"

"人之所不学而能者，其良能也；所不虑而知者，其良知也。"孟子用"良知""良能"有主观成分，"知""能"无所谓良不良。《易》称"知""能"，"乾以易知，坤以简能"。

"所不学而能者"，简，"坤以简能"，下生就会吃奶，不必教，"其良能也"，"未有先学养子而后嫁者也"（《大学》）。

"所不虑而知者"，易，"乾以易知"，一生下小嘴就想动、想吃，赤子，"其良知也"。

"孩提之童，无不知爱其亲（所生）也；及其长也，无不知敬其兄也。

"孩提之童，无不知爱其亲也；及其长也，无不知敬其兄也"，爱亲、敬兄，良知、良能，皆与生俱有的本心、本能，此"近取诸身"。

"亲亲，仁也；敬长，义也。无他，达之天下也。"

"亲亲"，亲己亲；"仁也"，仁之本。"敬长"，长其长；"义也"，义之本。

"达之天下"，天下所有生物皆如此，小猪也懂。不孝不友，没有人性，"致知在格物"，存良知，得睿智。

"乾以易知，坤以简能；易则易知，简则易从。易知则有亲，易从则有功。有亲则可久，有功则可大"，可久可大，"易简而天

下之理得"，天下"易简"之理得，"而成位乎其中矣！"(《易·系辞上传》)

16. 孟子曰："舜之居深山 ﹙耕于历山﹚之中，与木石居 ﹙居树木山石中﹚，与鹿豕游，其所以异于深山之野人者，几希！

"尧舜与人同"，没有两样，都是"人"。

"及其闻一善言，见一善行，若决 ﹙决口﹚江河，沛然 ﹙浩浩荡荡﹚莫之能御也。"

焦循："圣人潜隐，譬若神龙，亦能飞天，亦能小同，舜之谓也。"

"闻一善言，见一善行"，"元者，善之长也"，"继之者，善也"，人只要存心向善，则如江海之有源，其力量"若决江河，沛然莫之能御也"。

17. 孟子曰："无 ﹙不﹚为其 ﹙己﹚所不为，无欲其所不欲，如此而已矣。"

"不为己所不为"，有所不为，才能有为；"不欲己所不欲"，有所不欲，有守，才足以有为。

"无欲其所不欲"，不求违背本心的欲，"己所不欲，勿施于人"，为人处世，"如此而已矣"。道在近，不必求诸远。人有守，才足以有为。

18. 孟子曰："人之有德慧术知 ﹙智﹚者，恒存乎疢疾 ﹙疾病，患难﹚。

"德慧术智"，"德"为要，居首。无"德"，光有"慧""术""智"，就会有所偏。缺"德"，不能养"慧"，哪有"术""智"？不学无术，无慧无智。

"疢疾"，包括心理病痛、患难。"恒存乎疢疾"，常怀"戒慎恐惧"，几经磨炼，培养"德慧术智"，"不经一番寒彻骨，哪得梅花扑鼻香？"

"独（唯有）孤臣孽子，其操心（自持其心）也危（正），其虑患也深，故达（练达）。"

焦循："孤孽自危，故能显达；膏粱难正，多用沉溺：是故在上不骄。"

"孤臣"：一、国将亡，无外援；二、放逐于远方者。"孽子"，姨太太所生儿子，在旧家庭中极不受重视。

"其操心也危"之"危"：一、正，"邦有道，危言危行"（《论语·宪问》）；二、危，"人心惟危"。

"其虑患也深"之"虑"：虑深通敏，在患难中练达智慧。

操心危，虑患深，"吉凶与民同患"，与民同忧患。"故达"，能通达事理，练达时务，己达达人。

人必于患难中才能练达。"世事洞明皆学问，人情练达即文章"，事非经过不知难！

19. 孟子曰："有事君人者，事是君则为容悦者也。有安社稷臣者，以安社稷为悦者也。有天民者，达可行于天下而后行之者也。有大人者，正己而物正者也。"

焦循："容悦凡臣，社稷股肱。天民行道，大人正身。凡此四科，优劣之差。"

"天民"，"予，天民之先觉者"，以天下为己任，"达可行于天下而后行之者也"。

"大人者"，"与天地合其德"；"正己而物正"，尽己之性而后能尽人之性、尽物之性，"君子笃恭而天下平"。

20.孟子曰："君子有三乐，而王天下不与存焉。父母俱存，兄弟无故，一乐也。仰不愧于天，俯不怍于人，二乐也。得天下英才而教育之，三乐也。君子有三乐，而王天下不与存焉。"

焦循："保亲之养，兄弟无他，诚不愧天，育养英才，贤人能之，乐过万乘。"

"王天下不与存焉"，此非每人皆能致。"舜有天下，选于众，举皋陶，不仁者远矣"，当天子不在三乐中。

"父母既存"，父母健在时千万要顺，以顺为孝。"祭之丰，不如养之薄也"，"子欲养而亲不在"，想想自己每天对父母如何？应有自愧心。"兄弟无故"，兄弟，一奶同胞，必要彼此忍耐些。兄弟怡怡，彼此尊敬，表现自己的修为，没有纷争，怎可视如寇仇？懂得孝，必爱父母所爱者，即爱兄弟。恕道是对别人言，非对兄弟言，兄弟得和乐。

"仰不愧于天，俯不怍于人"，俯仰之间，不愧不怍。向自己的良知算账，做事要对得起良知。

"得天下英才而教育之"，造就天下英才，使成大器。

尽心上

孔子是"有教无类"，普及教育，因为只要是"人"就有希望。

21. 孟子曰："广土众民，君子欲之，所乐不存焉。

"广土众民"，有土地，有人民，"君子欲之"，乃所"欲"，不是所乐，"所乐不存焉"。

"中天下而立，定四海之民，君子乐之，所性不存焉。

"中天下而立，定四海之民"，是"乐之"，形之于外，不是性之所存，"所性不存焉"。

"君子所性，虽大行不加焉，虽穷居不损焉，分定故也。

"所性，虽大行不加焉，虽穷居不损焉"，性乃与生俱有，"分定故也"，性分无所增减，"诚于中，形于外"。

"君子所性，仁、义、礼、智根于心；其生色也，睟（粹）然见（现）于面，盎（盈）于背，施（流露）于四体（动作周旋），四体不言而喻。"

"仁、义、礼、智根于心"，是心，也是性；"其生色也，睟然见于面，盎于背，施于四体，四体不言而喻"，有诸内而后形诸外，流露于动作周旋之际，形于容颜、仪态、动作之间，"诚则形，形则著，著则明，明则动，动则变，变则化；惟天下至诚为能化"（《中庸》）。

22. 孟子曰："伯夷辟（避）纣，居北海之滨，闻文王作，兴曰：'盍归乎来！吾闻西伯善养老者。'太公（姜尚）辟纣，居东海之滨，闻文王作，兴曰：'盍归乎来！吾闻西伯善养老者。'天下有善养老，则仁人以为己归矣。

"西伯善养老"，"盍归乎来"，仁人以为自己之所归。

"五亩之宅，树墙下以桑，匹妇蚕（动词，养蚕）之，则老者足以衣（yì，动词，穿）帛矣。五母鸡、二母彘，无失其时，老者足以无失肉矣。百亩之田，匹夫耕之，八口之家可以无饥矣。

焦循："王政普大，教其常业，各养其老，使不冻馁。"

孟子的社会理想。

"所谓西伯善养老者，制其田（百亩之田）里（五亩之宅），教之树畜，导其妻子，使养其老。五十非帛不暖，七十非肉不饱。不暖不饱，谓之冻馁。文王之民，无冻馁之老者，此之谓也。"

"五十非帛不暖，七十非肉不饱"，养老，使之温饱。

孟子"老吾老，以及人之老；幼吾幼，以及人之幼"，有层次，有差别，是升平世的初步；孔子"不独亲其亲，不犹子其子"，入太平世，进大同。两者境界不同。

23. 孟子曰："易（治）其田畴（地增加），薄其税敛（轻税收），民可使富也。

此儒家古时之经济政策，民生问题最为重要。

"易其田畴"，重整土地，增加耕地，"正经界"，"制民之产"；

"薄其税敛"，轻徭薄赋。先"富之"，富民政策。

"食之以时（时食，不浪费），用之以礼（食用舒），财不可胜用（财有余）也。

"食之以时"，"时食"，不浪费；"用之以礼"，用之舒；"财不可胜用"，财有余。

《大学》理财的大道："生之者众，食之者寡，为之者疾，用之者舒，则财恒足矣"。

"民非（离开）水火不生活，昏暮（早晚）叩人之门户求水火，无弗与者，至足矣。圣人治天下，使有菽（豆类总称）粟（米类总称）如水火；菽粟如水火，而民焉有（岂有）不仁者乎？"

焦循："教民之道，富而节用，蓄积有余，焉有不仁？故曰'仓廪实知礼节'也。"

此大同世的经济制度。

"民非水火不生活"，水火，人日常生活所必需，"昏暮叩人之门户求水火，无弗与者，至足矣"，必使足民之所需；"使有菽粟如水火"，大家都有饭吃，衣食无虞。

"菽粟如水火，而民焉有不仁者乎"？温饱第一，否则百姓为衣食所迫，饥寒起盗心，铤而走险。

"衣食足知荣辱，仓廪实知礼节"，民生为先，富而后教。

24.孟子曰："孔子登东山（鲁国境内山）而小鲁，登泰山（泰山，五岳之首，位于齐鲁之间）而小天下。

"登东山而小鲁"，"东山"，鲁境内山，登高望远，"小鲁"，鲁就在山脚下。

"登泰山而小天下"，东岳泰山，高于东山，"横看成岭侧成峰，远近高低各不同"，愈登愈高，所见愈广所知愈多，眼界也为之提升，"小天下"，远近大小若一。

"故观于海者难为水，游于圣人之门者难为言。

"观于海者难为水"，"海"，海浪波涛汹涌，滔滔不绝，取之不尽，用之不竭；"水"，盈科而后进，细水长流。

圣人"知进退存亡而不失其正"。"游于圣人之门"，"巽以行权"，我行权了你还不知，故"仰之弥高，钻之弥坚；瞻之在前，忽焉在后"。"难为言"，"欲罢不能，既竭吾才，如有所立卓尔，虽欲从之，末由也已"。(《论语·颜渊》)"可与适道，未可与权"，虽明理，但不能用理，追赶不上。

"观水有术，必观其澜（波澜）。**日月有明，容光必照焉**。

"观水有术，必观其澜"，要懂怎么观水，"见波澜之湍急，则知水有来源，所以滔滔不绝"（蒋伯潜）。

"学术"，学了，必有术，才有用。"无所不用其极"，"无入而不自得"，是儒家。孔子"战无不克"，这就是孔学。

"日月有明，容光必照"，无所不照，明照四方，去暗没有分别心，"安仁者，天下一人"。

"流水之为物也，不盈（填满）**科**（坑洞）**不行**。

尽心上

237

水之德，"盈科而后进"，平天下之不平。

"君子之志于道也，不成章不达。"

君子"志于道"，循序渐进，"不成章不达"，"下学上达"，"无所不用其极"，"无入而不自得"。

25. 孟子曰："鸡鸣而起，孳孳（孜孜）为善（勤勉行善）者，舜之徒也；鸡鸣而起，孳孳为利（钻营利益）者，跖（古大盗）之徒（同类）也。

"鸡鸣而起，孳孳为善者"，拼命努力为善，"舜之徒也"。"鸡鸣而起，孳孳为利者"，拼命追逐利益，"跖之徒也"。此舜与跖所以成就不同。

"欲知舜与跖之分，无他，利与善之间也。"

焦循："好善从舜，好利从跖，明明求之，常若不足，君子小人，各一趣也。"

"利与善之间"，相去不过一间，全在一念之差，端视其日常所为。

要有所不为，才能有所为，有守有为。"志如死灰，形如委衣，安精养神，寂莫无为"（《春秋繁露·立元神》)，一个人必心有所主，不是天天没事找事，尽自显自露。

26. 孟子曰："杨子取为我，拔一毛而利天下，不为也。

这是大同世。

"杨子取为我"，人人为我，各尽己责。

"拔一毛而利天下，不为也"，不要人家救济，那是侮辱我。

"墨子兼爱，摩顶（摩秃头顶）放踵（掉光胫毛）利天下，为之。

"墨子兼爱"，兼爱天下，爱无差等。"摩顶放踵利天下，为之"，天天为利天下，尽己之所能为之。

"子莫（鲁贤人）执中，执中为近（近于道）之。执中无权，犹执一也。所恶执一者，为其贼（害）道也，举一而废百也。"

"执中"，近于道；"执中无权"，不知权变，"犹执一也"。

"执一"，固执不变通；"贼道"，"率性之谓道"，害性，不合人性；"举一废百"，得一失多。

"君子之中庸也，君子而时中"（《中庸》），时时在中道，与时偕行，不执中固守。

27. 孟子曰："饥者甘食（易为食），渴者甘饮，是未得饮食之正也，饥渴害之也。

"饥者甘食"，人在饥饿时吃什么都感到是美味。"渴者甘饮"，人在口渴时喝白开水都感到可口。

我有生以来感到最美味的，是在逃难时一老太婆给我吃虫咬的叶菜。

"是未得饮食之正也"，不是平时的饮食正味，"饥渴害之也"。

"岂惟口腹有饥渴之害，人心亦皆有害。人能无以饥渴之害为心害，则不及人不为忧矣。"

焦循："饥不妄食，忍情抑欲，贱不失道，不为苟求：能无心害，夫将何忧？"

"人心亦皆有害"，推之人心，亦有所害，"心不在焉，视而不见，听而不闻，食而不知其味"（《大学》）。所以要诚意正心。

"不及人不为忧"，不必以不及人为忧。

28. 孟子曰："柳下惠不以三公易（变）其介（操守）。"

焦循："柳下惠不恭，用志大也。无可无否，以贱为贵也。"

柳下惠，"圣之和者"，"发而中节谓之和"。

"三公"，太师、太傅、太保。"介"，"其介如石"（《易·豫》），当断则断，界线分明，有操守，不因别人而改变。

29. 孟子曰："有为者（有所作为者），辟（譬）若掘井；掘井九轫（八尺）而不及（达）泉，犹为弃井也。"

焦循："为仁由己，必在究之。九轫而辍，无益成功，《论》之一篑，义与此同。"

"有为"譬如"掘井"，掘至"九轫"仍"不及泉"，就此放弃，则形同"弃井"，功亏一篑，前功尽弃。

读书没读到全，犹如弃井；学外语，亦如是。多学会一门外语，就如同为自己多开辟一新天地，可以多知天下事。不懂外语，那只有望书兴叹了!

30. 孟子曰:"尧、舜,性之（安仁）也;汤、武,身之（复性）也;五霸,假之（假仁）也。久假而不归,恶（怎）知其非有也。"

焦循:"性之,性好仁,自然也;身之,体之行仁,视之若身也。"

"尧、舜,性之也",《中庸》:"成己仁也,成物知也。性之德也,合外内之道也,故时措之宜也。"《春秋繁露·深察名号》:"如其生之自然之资,谓之性。"率性、安仁,"安仁者,天下一人(《礼记·表记》)",以德治国,有德者王,"仁政"的标准。

"汤武,身之也",高诱云:"身君子之言,体行君子之言也。"(高诱注《淮南子·缪称训》)"汤、武,身之也",复性,克己复礼行仁,"小康"的代表。

"五霸,假之也",假仁者霸,是诸侯之长。

"久假而不归",假能持久,亦不容易!"久假而不归",焉知已非真有?久假成真,真真假假,假假真真。

焦循:"仁在性体,其次假借,用而不已,实何以易,在其勉之也。"

31. 公孙丑曰:"伊尹曰:'予不狎（习见）于不顺。'放太甲于桐（地名）,民大悦。太甲贤,又反（迎回）之,民大悦。

"予不狎于不顺",看不惯不合理的行为。

"贤者之为人臣也,其君不贤,则固可放与?"

问:"贤者是为人臣,国君不贤,可以将他流放?"

尽心上
241

孟子曰："有伊尹之志则可，无伊尹之志则篡也。"

焦循："忧国忘家，意在出身，志在宁君，放恶摄政，伊、周有焉。凡人志异，则生篡心也。"

答："有伊尹之志就可放，无伊尹之志就是篡。"

志，心之所主，"原心定罪"，行权必反经。

32. 公孙丑曰："《诗》(《国风·伐檀》)曰：'不素餐兮！'君子之不耕而食，何也？"

孟子曰："君子居是国也，其君用之，则安富尊荣；其子弟从之，则孝弟忠信。'不素餐兮'，孰大于是？"

焦循："君子正己，以立于世。世美其道，君臣是贵，所遇者化，何'素餐'之谓？"

"不素餐兮！""不尸位素餐"，在其位，必谋其政。

做学生的，必读好书，尽学生的责任；做老师的，必把学生教明白，不误人子弟；当公务员的，必勠力从公，尽自己的职责。

人人素其位而行，在位谋政，国家社会焉能不上轨道？

33. 王子垫（齐王之子）问曰："士何事？"

"士"，《说文》云"事也"，"士者事也，任事之称也"（《白虎通·爵》）。最低阶公务员，为国家做事。

孟子曰："尚志。"

"士尚志"，"志"，心之所主。士要崇尚己志。

曰："何谓尚志？"

曰："仁义而已矣。杀一无罪，非仁也；非其有而取之，非义也。居恶在（守何在）？仁是也；路恶在（行何在）？义是也。

焦循："人当尚志，志于善也。善之所由，仁与义也。"

"仁义而已矣。杀一无罪，非仁也"，仁者不杀无罪。但有罪者必杀之，为天下除害，"圣人贵除天下之患"。

"非其有而取之，非义也"，"义，宜也"，不取不义之财，不是你的，不该有的，都包含在内。

"居恶在？仁是也"，守仁；"路恶在？义是也"，行义。

"居仁由义，大人之事备矣。"

"居仁由义"，立身依仁，"依于仁"（《论语·述而》）；行事由义，"无适也，无莫也，义与之比"（《论语·里仁》）。

"大人者，与天地合其德"，由"士"到"大人"了，故曰"大人之事备矣"！

士，尚志、依仁、由义。学大人之志，自此入手。

34. 孟子曰："仲子（陈仲子），不义与之齐国而弗（不）受，人皆信之，是舍箪食豆羹之义也。人莫大焉（于）亡（无）亲戚、君臣、上下。以其小（小廉）者信其大（大节）者，奚可哉？"

焦循："事有轻重，行有大小，以大包小可也，以小信大，未之

尽心上

243

闻也。"

"以其小者信其大者"，岂可以其小廉而信其大节！

35. 桃应（孟子弟子）问曰："舜为天子，皋陶为士（狱官），瞽瞍杀人，则如之何？"

舜为天子，皋陶为狱官长，"舜有天下，选于众，举皋陶，不仁者远矣"，"贤者在位，能者在职"。

"瞽瞍"，舜的父亲。"瞽瞍杀人，则如之何"，舜与皋陶应如何？

孟子曰："执（依法执行）之而已矣！"

皋陶是执法者，"执之而已矣"，依法执行任务。

"然则舜不禁（禁止）与？"

舜不禁止皋陶执法吗？

曰："夫舜恶（怎）得而禁之！夫有所受之（受命执法）也。"

舜怎能禁止皋陶？皋陶是他所任命的法官。

"然则舜如之何？"

那舜该怎么处理"瞽瞍杀人"这件事？

曰："舜视弃天下犹弃敝蹝（破鞋）也。窃（私自）负（驮在背）而逃，遵（循）海滨而处（居住），终身䜣（xīn，欣）然，乐而忘

天下。"

焦循："奉法承天，政不可枉。大孝荣父，遗弃天下。"

天下不比父亲重要，"舜视弃天下犹弃敝蹝也"。

背着父亲远逃，居住于滨海之处，终身欣然，乐而忘天下。

此章讲古人的法治观，国法重于私情，不可以徇私枉法。

舜与皋陶两人都守法。舜"大孝尊亲"，弃天下如敝蹝，不可立法而破坏法。皋陶是执法者，必依法执法，不可以徇私枉法。

36.孟子自（从）范（齐邑）之（往）齐（齐都），望见齐王之子。喟然（长叹）叹曰："居（环境）移气（气质），养（涵养）移体（体态），大哉居（含饮食、居住环境）乎！夫（启语词）非尽（都是）人之子与（欤）？"

焦循："人性皆同，居使之异。君子居仁，小人处利。譬如王子，殊于众品也。"

孟子望见齐王之子，叹道："不同样都是'人之子'，何以看起来会那么不同？"

"居移气，养移体"，"气"，气质；"体"，体态、体质。环境能改变一个人的气质，有涵养功夫，有好的修养，能改变一个人的体质、体态。

"大哉居乎"，人的饮食、居住环境太重要了！

一个人如保养得好，可以保持自己的体态。必自小培养，至少也要在年轻时好好培养自己，改变自己的气质、体态。

孔子的气质："望之俨然，即之也温""温、良、恭、俭、让"。

气质绝不是一天修养成的，最重要的是生活环境，环境的力量，环境对人的影响太大了！

孟子曰："王子（泛指王子、王孙、公子）宫室、车马、衣服多与人同，而王子若彼者（气质），其居使之然也。况居（守）天下之广居者乎？

焦循："舆服器用，人用不殊，尊贵居之，志气以舒。是以居仁由义，盎然内优，胸中正者，眸子不瞀（mào，乱）也。"

"王子宫室、车马、衣服多与人同""而王子若彼者，其居使之然也"，王子气质出众，是有好环境培养所致。好的环境，不在环境大小，而在心胸大小。

"况居天下之广居"，从王子到国君都如此，何况是有"守天下"之责的天子？

"鲁君之（往）宋，呼（怒而发声）于垤（dié）泽（宋城门名）之门，守者曰：'此非吾君也，何其声之似我君也？'此无他，居相似也。"

鲁君到宋，叫开城门。守门的人心想："这不是我国君，何以他的声音，与我国君如此相像？"因为都有气势！

"此无他，居相似也"，没别的原因，就因为两人的环境相似。"居相似"，环境相似，气质亦相似。

"居移气，养移体"，人的一举一动重要，"动容貌，斯远暴慢矣；正颜色，斯近信矣；出辞气，斯远鄙倍矣"(《论语·泰伯》)。

要好好修养自己，培养气质。大学生要有"大学生"的气质，不要让人看起来是"小弟"。

自此章可知怎么修自己很重要，必要培养气势，"君子不重则不威"(《论语·学而》)。

"学而时习之"，学要能习，知行合一，改变气质，理论与实际并用，适时、能用，用于环境中，在生活中实践。

37. 孟子曰："食（供养）而弗爱，豕交之（与养猪无别）也；爱而不敬，兽畜之（如同养犬马）也。恭敬者，币之未将（致送）者也。恭敬而无实，君子不可虚（虚伪外表）拘（留下）。"

焦循："取人之道，必以恭敬。恭敬贵实，虚则不应，实者谓爱敬也。"

38. 孟子曰："形色，天性也。惟圣人然后可以践形（性）。"

焦循："体德正容，大人所履，有表无里，谓之柚梓，是以圣人乃堪践形也。"

"形色"，形形色色，"形"，形体，"生之具也"(《史记·太史公自序》)，身体形状；"色"，气色、脸色，面貌颜色，喜形于色。

"惟圣人然后可以践形"，因为圣人能尽性，"君子黄中通理，正位居体，美在其中而畅于四支，发于事业，美之至也"(《易·坤·文言》)，将其天赋本性完全表露出来。

39. 齐宣王欲短丧（缩短三年守丧期）。公孙丑曰："为期（一年）

之丧，犹愈于已（止）乎？"

孟子曰："是犹或紾（扭）其兄之臂，子谓之姑徐徐（且慢慢）云尔，亦教之孝弟而已矣。"

王子有其母死者，其傅为之请数月之丧。公孙丑曰："若此者，何如也？"

曰："是欲终之（服满三年丧）而不可得也，虽加一日愈于已（止），谓夫莫之禁而弗为者也。"

40. 孟子曰："君子之所以教者五：有如时雨（及时雨）化之者，有成德（就其固有德性教导之）者，有达财（因其材而使之通达）者，有答问（就所提问题而答问）者，有私淑艾（未及门，自己修习有成）者。此五者，君子之所以教也。"

焦循："教人之术，莫善五者。养育英才，君子所珍，圣所不倦，其惟诲人乎！"

孔子"有教无类"，对弟子"因材施教"，弟子受教方式亦不同。

41. 公孙丑曰："道则高矣，美矣，宜若（殆若）登天然，似不可及也。何不使彼为可几及（庶几），而日孳孳（勤奋学习）也？"

孟子曰："大匠不为拙工改废绳墨（取直法度），羿不为拙射变其彀率（张弓之度）。君子引而不发，跃如也；中道而立，能者从之。"

焦循："曲高和寡，道大难追。然而履正者不枉，执德者不回，故曰人能弘道。"

"引而不发"，引导、启发、诱导；"不愤不启，不悱不发"，"举一隅不以三隅反，则不复也"（《论语·述而》）；"跃如也"，"跃"，迅也、上也、进也，是自己用劲，"或跃在渊"，鲤鱼跃龙门。

"中道而立"，无过与不及，立于中；"能者从之"，只要是能者，自能跟上。"人能弘道，非道弘人。"（《论语·卫灵公》）

"非不能，是不为也"，能与不能，就在每个人了。

42. 孟子曰："天下有道，以道殉（从）身；天下无道，以身殉道。未闻以道殉乎人者也。"

焦循："穷达卷舒，屈伸异变，变流从顾，守者所慎，故曰金石独止，不殉人也。"

"天下有道"，天下有道时，"以道殉身"，我即道的表率。把道化于我身上，我就是道的化身。道就是我，我就是道。

"天下无道"，天下无道时，无人弘道，即道亡，得"人能弘道"，"以身殉道"，为道牺牲，我为道的象征，"杀身以成仁"。

"未闻以道殉乎人者也"，为某人而牺牲了道，此"以道殉人"，枉道，偏离正道以迁就他人，助人为恶者。

道的标准，《易·观》之义："观天之神道，而四时不忒，圣人以神道设教，而天下服矣。"

43. 公都子曰："滕更（滕君之弟）之在门（在门下受业）也，若在所礼（在所应礼待之列）；而不答，何也？"

孟子曰："挟贵（自恃尊贵）而问，挟贤而问，挟长而问，挟有勋劳而问，挟故（故交）而问，皆所不答也。滕更有二（有其二）焉。"

44. 孟子曰："于不可已（止）而（能）已者，无所不已；于所厚（亲人、恩人）者薄（苛待），无所不薄也。

"于不可已而已者"，对不可止的事都可以止，说不做就不做，那就没有什么不可止了，"无所不已"。

"于所厚者薄"，对应该厚待的亲人、恩人尚且刻薄对待，那为人就"无所不薄"了！

"其进锐者，其退速。"

"其进锐者"，急于速成，后继无力；"其退速"，很快就退下了！

45. 孟子曰："君子之于（对于）物（物、事）也，爱之而弗仁（天地不仁）；于民也，仁之（一视同仁）而弗亲（爱有差等）。亲亲而（能）仁民，仁民而爱物。"

焦循："君子布德，各有所施，事得其宜，故谓之义也。"

"君子之于物也"，仁者爱人，不杀；但为了饮食，必打猎，就"爱而不仁"了！

"于民也，仁之而弗亲"，对人民仁爱之，但不同于对亲人之亲，因为爱仍有差等。

"亲亲"，亲其亲，"老吾老，幼吾幼"，孝慈；"而仁民"，仁其民，"老吾老以及人之老，幼吾幼以及人之幼"，推己及人。

"仁民而爱物"，能"仁民"而后能"爱物"，民先物后，"物有本末，事有终始，知所先后，则近道矣"。

46. 孟子曰："知（智）者无不知也，当务之为急（该做的，专心致志）；仁者无不爱也，急亲贤之为务。

"智者无不知也"，但"当务之为急"，急所"当务"，事有先后、轻重、缓急。

人的智慧有限，不要尽是扯闲。"当务之为急"，该用心做就得去做。每天应有当务，急所当务，心有余力了，再做别的。

"仁者无不爱也"，但有层次，"急亲贤之为务"，以"亲贤"为第一要义。

"尧舜之知而不遍物，急先务也；尧舜之仁不遍爱人，急亲贤也。

焦循："振裘持领，正罗维纲。君子百行，先务其崇。是以尧舜亲贤，大化以隆道为要也。"

尧、舜虽是大智者，但也不可能应所有的人、事、物；"急先务也"，急所先务，当务之为急。

做事千万不要舍本逐末，"知所先后，则近道矣"。明天要做的事，今天就应准备好，才不会临渴掘井，老出差错。出门该带的东西要早准备好，一个"先"字，先备着。这是生活，也是智慧，能用得上。

以尧、舜这样的仁君，也不能普遍爱所有的人；"急亲贤也"，急于"亲贤"，是要"养贤以及万民"（《易·颐》），"举皋陶，不仁者远矣"，服务大众，解决问题。所以，"尧以不得舜为己忧，舜以不得禹、皋陶为己忧"。

"不能三年之丧（父母之丧）**，而缌**（sī，三个月丧服）**、小功**（五个月丧服）**之察**（研究）**。放饭**（大口吃）**流歠**（chuò，大口喝）**，而问**（讲究）**无齿决**（用牙咬断干肉）**：是之谓不知务。"**

"不能三年之丧"，不能服父母之丧；"而缌、小功之察"，细究是否做好缌、小功。不能察己过，而细究别人之过。

"放饭流歠"，在长辈面前狼吞虎咽、大吃大喝是大不敬，"而问无齿决"，却偏偏讲究用牙齿咬断干肉的小礼节，这叫作不知当务之急。

每天吃饭喝汤，却不省察自己吃饭的模样，不知生活规范，连怎么穿衣、戴帽、拿筷子、端碗盘都不会。许多人每天过活不就如此？有几个人用心生活了？一切都有定规，有当务之急。

47.孟子曰："不仁哉，梁惠王也！仁者，以其所爱及其所不爱；不仁者，以其所不爱及其所爱。"

公孙丑问曰："何谓也？"

"梁惠王以土地之故，糜烂（烂如粥糜）其民而战之，大败；将复（复战）之，恐不能胜，故驱（驱使）其所爱子弟以殉（送命）之。是之谓以其所不爱及其所爱也。"

48.孟子曰："《春秋》无义战；彼善于此，则有之矣。征者，上伐下也，敌国不相征也。"

焦循："《春秋》拨乱，时多争战，事实违礼，以文反正，征伐诛讨，不自王命，故曰无义战。"

"《春秋》无义战"，"比之诈战，则谓之义；比之不战，则谓之不义"（《春秋繁露·竹林》）。"善战者，服上刑。"（《孟子·离娄上》）

"彼善于此，则有之矣""战不如不战，然而有所谓善战"（《春秋繁露·林竹》），《春秋》恶诈战，善偏战。"诈战"，则出其不意，伤害尤多；"偏战"，结日而战，有怒不加暴之义。

"征者，上伐下也""征者，正也"，以至正伐不正，是为天下除害。

"敌国不相征"，敌对国家，不可以相互争伐。

49. 孟子曰："尽信《书》，则不如无《书》。

"尽信《书》，不如无《书》"，要懂得思考，此善读书者。

"吾于《武成》，取二三策而已矣。仁人无敌于天下；以至仁伐至不仁，而何其血之流杵也？"

焦循："文之有美过其实，圣人不改，录其意也。非独《书》云，《诗》亦有言。"

《武成》，《尚书》之篇名，"武王伐殷。往伐归兽，识其政事，作《武成》。"

读《武成》，"取二三策而已矣"，言不可尽信，因为"尽信书，不如无书"。

"策"，竹简，在没纸的时代使用竹简。孔子读《易》"韦篇三绝"，用功之勤，致使编联竹简的皮绳多次脱断。

"仁人无敌于天下"，仁者无敌。《尚书·武成》"会于牧野。罔有敌于我师，前徒倒戈，攻于后以北，血流漂杵"，说是"以至仁伐至不仁"，然杀人之多致"血流漂杵"，是何其不仁也。

50.孟子曰:"有人曰:'我善为陈（阵），我善为战。'大罪也。

"我善为阵,我善为战","善战者服上刑","大罪也"。

"国君好仁,天下无敌焉。南面而征北狄怨,东面而征西夷怨。曰:'奚（何）为后我（将我置后）？'

焦循:"民思明君,若旱望雨,以仁伐暴,谁不欣喜？"

"国君好仁",仁者爱人,无不爱,"仁者无敌",根本没有敌人,焉用杀?

"南面而征北狄怨,东面而征西夷怨。曰:"奚为后我？"因为救民于水火。

"武王之伐殷也,革车三百两（辆）,虎贲（猛士）三千人。

《尚书·牧誓》:"武王戎车三百两,虎贲三百人,与受战于牧野,作《牧誓》。"

"王曰:'无畏,宁（安抚）尔也,非敌（敌对）百姓也。'若崩（山崩）厥角（额首）、稽首（伏地叩拜不已）。
"征之为言正也,各欲正己也,焉用战？"

"征之为言正也","征犹正也,欲言其正也"（《白虎通.诛伐》）。"征者,正也",必先自正,而后能正人,"子帅以正,孰敢不正"（《论语·颜渊》）。

"各欲正己也,焉用战",欲正己,哪用得上战争?

尽心下
255

51. 孟子曰："梓匠轮舆，能与人规矩，不能使人巧。"

焦循："规矩之法，喻若典礼，人不志仁，虽诵典宪，不能以善。善人修道，公输守绳，政成器美，惟度是应，得其理也。"

"梓匠轮舆"，梓人、匠人、轮人、舆人之授徒。

"能与人规矩，不能使人巧"，"中道而立，能者从之"，巧妙全在心悟，默而识之的功夫，"师父领进门，修行在个人"。

52. 孟子曰："舜之饭（吃）糗（qiǔ，干粮）茹（吃）草也，若将终身（终身如是）焉。及其为天子也，被（披）袗（珍裘）衣，鼓琴（以协音律），二女果（媒，服侍），若固有之（不改常态）。"

焦循："阨穷不悯，贵而思降，凡人所难。虞舜独降圣德，所以殊者也。"

"若固有之"，安之若素，不慕乎外，不以富贵易其心，"素富贵行乎富贵"。

53. 孟子曰："吾今而后知杀人亲之重也。杀人之父，人亦杀其（己）父；杀人之兄，人亦杀其兄，然则非自杀之也，一间耳（极相近罢了）！"

焦循："恕以行仁，远祸之端。暴以残民，招咎之患。是以君子好生恶杀，反诸身也"。

"知杀人亲之重也"，古人"父母之仇，不共戴天"。

"杀人之父，人亦杀己父；杀人之兄，人亦杀己兄"，杀人之亲，人亦杀之。

"非自杀之也，一间耳"，等同于自杀。冤冤相报，何时了？

54. 孟子曰："古之为关（关卡）也，将以御暴（抵御残暴）。今之为关也，将以为暴。"

"古之为关"，以前设立关卡，目的在"将以御暴"，边关"稽而不征"。

"今之为关也，将以为暴"，今天设关征敛捐税，阻难行旅，暴虐人民。

55. 孟子曰："身不行道，不行于妻子；使人不以道，不能行于妻子。"

焦循："率人之道，躬行为首。《论语》曰：其身不正，虽令不从。"

"身不行道，不行于妻子"，夫妻、子女之近，你的行为，对方无不知。

"使人不以道，不能行于妻子"，"其身不正，虽令不从"（《论语·子路》）。

"修身齐家"，"刑于寡妻，至于兄弟，以御于家邦"，一部《大学》以修身为本，本立而道生。

56. 孟子曰："周（足）于利者，凶年不能杀（饿杀）；周于德者，邪世不能乱（乱其志）。"

焦循："务利蹈奸，务德蹈仁，舍生取义，其道不均者也。"

"周于利者"，积财足，"凶年不能杀"，虽遇凶年，亦不致饿死。

"周于德者"，积德足，"邪世不能乱"，虽处邪世，不能乱其志。

"积善之家，必有余庆"，积之厚则用有余；"积不善之家，必有余殃"，积不善，必有遗留的灾祸。

应注意自己平时的修养，要修德，自求多福。

57. 孟子曰："好名之人，能让千乘之国；苟（诚）非其人，箪食豆羹（得失喜怒之情）见（现）于色。"

焦循："廉贪相殊，名亦卓异，故闻伯夷之风，懦夫有立志也。"

"好名之人，能让千乘之国"，"好名"，矫情干誉。这样的人能辞让中等的诸侯国。

"苟非其人"，本非真能轻富贵之人，"箪食豆羹见于色"，有时为了一箪食、一豆羹，得失喜怒之情就从脸色流露出来！

此章告诉人：观人，必于其微。"苟非其人，道不虚行"（《易·系辞下传》），"苟不至德，至道不凝焉"（《中庸》）。

58. 孟子曰："不信仁贤，则国空虚（无人）。

"不信仁贤，则国空虚"，"亡国之廷，无人焉"（《韩非子·有度》），"君不能使臣，虽有城郭，名曰虚邑"（《春秋繁露·立元神》），空无一人，"阒其无人"（《易·丰》）。

"无礼义，则上下乱。无政事，则财用不足。"

焦循：“亲贤正礼，明其五教，为政之源，圣人以三者为急也。”

“无礼义”，“上无礼，下无学”，“则上下乱”，“贼民兴，丧无日矣”（《孟子·离娄上》）。

“无政事”，不知生财之道，取用无度、无节，出多入少，“则财用不足”，财用当然不足！

59. 孟子曰：“不仁而得国者，有之矣；不仁而得天下，未之有也。”

焦循：“王者当天，然后处之。桀、纣、幽、厉，虽得犹失，不以善终，不能世祀，不为得也。”

“不仁而得国者，有之矣”，历代家天下，父死子继，兄终弟及，不必有仁、有德。

“不仁而得天下，未之有也”，缺德，所以国祚短。

60. 孟子曰：“民为贵，社稷次之，君为轻。

“社”，土神；“稷”，谷神。社稷坛，农业时代最重要的象征，以“社稷”代表国家。“君”，统治者。

“民贵”思想是孟子思想最重要之处，不同于历代帝王家天下思想，为师说所在。《春秋》重人，诸讥皆本此”（《春秋繁露·俞序》），重人即重民。

但孟子有时就做诸侯的护符，有些地方根本无伦次。所以“亚圣”比不上“至圣”。

"是故得乎丘民（民众）而为天子，得乎天子为诸侯，得乎诸侯为大夫。

焦循："得民为君，得君为臣，民为贵也。"

"得乎丘民而为天子"，得百姓，"涣有丘"（《易·涣》），得民心者得天下。

"得乎天子为诸侯"，分封为诸侯，天子的斥候。

"得乎诸侯为大夫"，大夫，辅诸侯。"大夫之为言大扶。扶，进人者也。"（《白虎通·爵》）

"诸侯危（害）社稷，则变置（另立诸侯）。

"诸侯危社稷"，诸侯危害国家，"则变置"，就另立诸侯。

《春秋》"退诸侯"（《史记·太史公自序》），荀子"上下易位，然后贞"（《荀子·臣道》）。

"牺牲（祭祀用的牲畜）既成，粢盛（祭品）既絜，祭祀以时（荐时食），然而旱干（旱灾）水溢（水灾），则变置社稷（另选社稷神）。"

焦循："先黜诸侯，后毁社稷，君为轻也。重民敬祀，治之所先，故列其次而言之。"

"牺牲既成，粢盛既絜，祭祀以时"，按时祭祀社稷神。

"然而旱干水溢"，社稷神根本不能保护人民，"则变置社稷"，另选社稷神。

这是中国思想之所在，"民贵"，民至上。

61. 孟子曰："圣人，百世之师（作之师，万世师表）也；伯夷、柳下惠是也。

"圣人"，战胜自己，"百世之师"，"作之师"，万世师表；"伯夷、柳下惠是也"。

"故闻伯夷之风者，顽夫廉，懦夫有立志；闻柳下惠之风者，薄夫敦，鄙夫宽。奋乎百世之上，百世之下，闻者莫不兴起也。非圣人而能若是乎？而况于亲炙之者乎？"

焦循："伯夷、柳下惠，变贪厉薄，千载闻之，犹有感激，谓之圣人，美其德也。"

"奋乎百世之上，百世之下，闻者莫不兴起也"，百代以下听闻其风范，无不感动奋发而起。"非圣人而能若是乎"，不是圣人能够如此？"而况于亲炙之者乎"，何况是亲自受到圣人教化的人？

亲炙弟子，亲身受教育、受熏陶者。

62. 孟子曰："仁也者，人也；合而言之，道也。"

焦循："仁恩须人，人能弘道也。"

"仁者，人也"，是人性的表现。"仁"，二人相偶，与人处得好，即仁。

"合而言之，道也"，仁与人合言，就是道。"道也者，不可须臾离也；可离，非道也"（《中庸》），"率性之谓道"，按人性做事，不"人之为道"，是人性的表现。

人人皆有人性，都想过上美好的生活，不要做违背良知的事，而侵害了"仁"。人要深省，常生惭愧心，才能进步。

仁者爱人，仁者无不爱也。"仁者无敌"，多美的思想！应再造华夏思想，"以夏学奥质，寻拯世真文"，为人类谋幸福。

63. 孟子曰："孔子之去鲁，曰：'迟迟吾行也。'去父母国之道也。去齐，接淅而行，去他国之道也。"

此章重出。

64. 孟子曰："君子之厄（困厄）于陈、蔡之间，无上下之交也。"

焦循："君子固穷，穷不变道。上下无交，无贤援也。"

65. 貉稽（北方人种名）曰："稽大不理（赖，利也）于口。"

"不理于口"，不利于众口，为众口所讪笑。

孟子曰："无伤（何妨）也。士憎（增）兹（滋）多口。

焦循："正己信心，不患众口。众口喧哗，大圣所有，况于凡品之所能御？故答貉稽曰无伤也。"

"无伤也"，何妨；"士增滋多口"，求理于口，徒兹多口。

《诗》（《邶风·柏舟》）云：'忧心悄悄，愠于群小。' 孔子也。

"忧心悄悄，愠于群小"，忧虑不安，为众小人所怨。

（《大雅·绵》）'肆（发语词）不殄（tiǎn，绝）厥愠（怒在心），亦不殒（yǔn，坠）厥问（聘）。'文王也。"

朱注引尹氏曰："言人顾自处如何，尽其在我者而已。"

"肆不殄厥愠，亦不殒厥问"，既不能消除对方的怒，那就尽其在我！

做人做事，只要尽其在我，但求无愧于心，又何必在乎别人议论、说三道四！

66. 孟子曰："贤者以其（己）昭昭（聪明智慧），使人昭昭。今以其昏昏（不明义理），使人昭昭。"

焦循："以明招暗，暗者以开；以暗责明，暗者愈迷。贤者可遵，讥今之非也。"

"贤者以其昭昭"，贤者使己明，再以己之明使别人也能明。

"今以其昏昏，使人昭昭"，自己不明义理，却要使人明白义理，哪有这个道理？

《易·晋》"明出地上，君子以自昭明德。""自昭"，自明。

今天，许多人不读"四书"，却教"四书"，能教明白？

67. 孟子谓高子曰："山径之蹊间（人行处），介然（坚定不移貌）用（由）之而成路。为间（小路）不用，则茅塞之（杂草丛生）矣。今茅塞子之心矣。"

焦循："圣人之道，学而时习。仁义在身，常常被服。舍而弗修，犹茅是塞。明为善之不可倦也。"

"山径之蹊间，介然用之而成路"，山径蹊间，人们经常走，走久了就成路。

"为间不用，则茅塞之矣"，小路无人行走，久了就杂草丛生。

"今茅塞子之心矣"，为学亦然，一曝十寒，也就茅塞其心了！只要用心，能持之以恒，就没有走不通的路。

68. 高子曰："禹之声，尚（过）文王之声。"

孟子曰："何以言之？"

曰："以追（钟纽）蠡（lí，虫咬过，钟纽欲断貌）。"

"蠡"，虫蛀木，引申为器物经久磨损，欲断未断的样子，又引申为蠡见，蠡酌管窥。

高子以禹和文王所用的钟做比较，说禹钟的纽如虫咬过，将要断的样子，可见用得多，而文王的钟没有这种情形，应是不常用。

曰："是奚足（足证）哉？城门之轨，两马之力与？"

孟子说："这怎么能够证明？如城门下车辙迹深，是经过的车子多，不是两马之力造成的。"

69. 齐饥。陈臻曰："国人皆以夫子将复为发棠（赈济），殆（恐怕）不可复？"

孟子前请齐王发棠邑之仓，赈济百姓。这回齐国又饥荒，齐国人以为孟子将再次去请齐王开仓赈济，但陈臻猜想说，此次应不可复行。

孟子曰："是为冯妇（一勇士）也。晋人有冯妇者，善搏（空手击杀）虎，卒为善士。则之野，有众逐虎。虎负嵎（yú，在山曲处蹲着），莫之敢撄（触犯）。望见冯妇，趋而迎之。冯妇攘（撸起袖子）臂下车。众皆悦之，其为士者笑之。"

孟子举冯妇复搏虎为例。

晋人有冯妇者，以打老虎著名。后来不再打老虎，成为善士。有次他到野外，许多人在追老虎。老虎蹲在山曲处，耽耽而视，没人敢触犯它。众人见冯妇来，喜而迎接。冯妇撸起袖子，伸出胳膊下车。大家都很兴奋，而在的旁有识之士就笑了。

孟子表明量力而行，不复请齐王发棠，否则将为有识者所笑。

朱注："疑此时齐王已不能用孟子，而孟子亦将去矣，故其言如此。"

焦循："可为则从，不可则凶，言善见用，得其时也。非时逆指，犹若冯妇，搏虎无已，必有害也。"

70. 孟子曰："口之于味也，目之于色也，耳之于声也，鼻之于臭（味觉）也，四肢之于安佚（逸）也，性也。有命焉，君子不谓性也。

"口之于味，目之于色，耳之于声，鼻之于臭，四肢之于安佚"，是性，是本能。但有命在，不说是天性，所以不汲汲强求。

"仁之于父子也，义之于君臣也，礼之于宾主也，智之于贤者也，圣人之于天道也，命也。有性焉，君子不谓命也。"

焦循："尊德乐道，不任佚性；治性勤礼，不专委命。君子所能，小人所病，究言其事，以劝戒也。"

"仁之于父子，义之于君臣，礼之于宾主，智之于贤者，圣人之于天道"，有命，不能自主。但在性分之中，不诿之于命，必孜孜不倦以赴。

"在天曰命"，说是"天命"，"虽曰天命，岂非人事哉"？"在人曰性"，"人性"所在，尽其在我，尽己之性。

71.浩生不害（齐国人）问曰："乐正子何人也？"
孟子曰："善人也，信人也。"

善人，"不践迹，亦不入于室"（《论语·先进》），能够自我发挥，"信人也"。

"何谓善？何谓信？"
曰："可欲之谓善，有诸（语词）己之谓信。充实之为美，充实而有光辉之谓大，大而化之之谓圣，圣而不可知之之谓神。

"可欲"，把欲可住，当其可。公文批"可"，照这个办。

"可欲之谓善"，当其可之欲就是善。人人皆有欲，但要欲得恰到好处，中节，不可过亦不可绝，能把欲"适可而止"。

"有诸己之谓信"，不自欺，自信，自我肯定，相信自己。有自信，别人才能相信你。

"充实之谓美"，充实就是美，实而不虚，如"虚而为盈"（《论语·述而》）就不能持久。孔子忧弟子"德之不修，学之不讲，闻义不能徙，不善不能改"（《论语·述而》）。

"充实而有光辉之谓大"，"充实"，内圣，利己；"光辉"，如日之辉暖人，己立立人，己达达人，"智者利仁"。能为民除害，"遏恶扬善"就是大。

"大而化之之谓圣"，容乃大，所过者化，化民成俗。

"圣而不可知之之谓神"，神，道之用，"妙万物而为言（然）者也"（《易·说卦》），真妙！妙不可言，妙的极境，最高的境界。

"蒙以养正，圣功也"（《易·蒙》），自养正入手。养正，可欲，自信，充实，神，到修身的至境。

"乐正子，二之中，四之下也。"

此孟子对乐正子的评价。

72. 孟子曰："逃墨（墨学）必归（归服）于杨（杨朱），逃杨必归于儒。归，斯受之而已矣。

"逃墨必归于杨，逃杨必归于儒"，可见孟子时代，杨、墨是当时的显学，与儒学鼎足而立。

"逃""归"，即不入于此即入于彼。"归，斯受之而已矣"，既从杨、墨来归，就接受他罢了。既归而又究其既往未免过甚，待之恕。

"今之与杨、墨辩者，如追放豚（逃跑的猪），既入其苙（lì，猪栏），又从而招（juàn，同"罥"，捆其四肢）之。"

孟子拒杨、墨，斥为"无君无父"。以"追放豚"为例，对迷而未返者，应以辩说，破其迷执而羁之，可谓拒之严。

尽心下

焦循："驱邪反正，正斯可矣。来者不绥，追其前罪，君子甚之，以为过也。"

73. 孟子曰："有布缕之征（征税），粟米之征，力役之征。君子（当政者）用其一，缓（缓用）其二。用其二而民有殍（piǎo，饿殍），用其三而父子离（离散，不能安居）。"

焦循："原心量力，政之善者；繇役并兴，以致离殍；养民轻敛，君子道也。"

"布缕之征"，以布帛为征收形态的赋敛。"粟米之征"，以稻米等粮食为征收形态的赋敛。"力役之征"，为国家服劳役。

朱注引尹氏曰："言民为邦本，取之无度，则其国危矣。"

为政，应取之有度。

74. 孟子曰："诸侯之宝（所宝贵的）三：土地，人民，政事。宝珠玉者，殃必及身。"

三宝：地政、户政、行政。
"宝珠玉者，殃必及身"，以珠玉为宝，必殃及自身。

朱注引尹氏曰："言宝得其宝者安，宝失其宝者危。"
焦循："宝此三者，以为国珍。宝于珍玩，以殃其身。"

75. 盆成（姓）括（名）仕于齐。孟子曰："死矣，盆成括！"盆成括见（被）杀。

"死矣，盆成括"！倒装句，蒋伯潜解："盆成括将死矣！"因其人有才无德。

门人问曰："夫子何以知其将见杀？"

曰："其为人也，小有才，未闻君子之大道也，则足以杀其躯而已矣。"

焦循："小知自私，藏怨之府；大雅先人，福之所聚。劳谦终吉，君子道也。"

"小有才，未闻君子之大道"，自负有才，不知大道，胡作非为，招来杀身之祸。

有多少人不是如此？必要有修养，不要狂大无知，肆意妄为。

76. **孟子之**（往）**滕，馆于上宫**（上等馆舍）**。有业屦**（未完工的麻鞋）**于牖**（窗）**上，馆人求之弗得。**

"有业屦于牖上"，有人把未完工的麻鞋放置窗上，丢失了；馆人求之不得。

或问之曰："若是乎，从者（随从）**之廋**（sōu，藏匿）**也？"**

有人怀疑是被孟子的随从藏匿。

曰："子以是为窃屦来与（欤）**？"曰："殆非也。**

孟子说："难道他们是为偷麻鞋来的？"又说："当然不是。"

尽心下
269

"夫子之设科（分科教弟子）也，往者不追，来者不拒。苟以是心至，斯受之而已矣。"

以"夫子设科"做比喻。孔子"有教无类"，但设科而教。

孔门四科：德行、言语、政事、文学。以"往者不追，来者不拒"为原则。

"往者不追"，不追治前事；"来者不拒"，"与其进也，不与其退也，唯何甚！人洁己以进，与其洁也，不保其往也"（《论语·述而》），不保其将来，一切皆自求、自得。

"苟以是心至，斯受之而已矣"，诚以向道之心来，那就受之而已矣。

焦循："教诲之道，受之如海，百川移流，不得有拒。虽独窃屦，非己所绝，顺答小人，小人自咎，所谓造次必于是也。"

77. 孟子曰："人皆有所不忍，达之于其所忍，仁也；人皆有所不为，达之于其所为，义也。

"达"，推此及彼。

"有所不忍，达之于其所忍""有所不为，达之于其所为"，仁义之心，人皆有之。

"人能充无欲害人之心，而仁不可胜用也；人能充无穿窬（yú，挖墙洞，做小偷）之心，而义不可胜用也。

"充"，扩充，推大开展。穿窬之心，表里不一，心术不端。

"充无欲害人之心""无穿窬之心"，"则仁义不可胜用也"。

"人能充无受尔、汝（对人轻贱之称）**之实，无所往而不为义也。**

"充无受尔、汝之实"，扩大不愿受别人轻贱之实，则"无所往而不为义也"。

"士未可以言而言，是以言餂（tiǎn，以舌头舐物）**之也；可以言而不言，是以不言餂之也。是皆穿窬之类也。"**

焦循："善恕行义，充大其美，无受尔汝，何施不可？取人不知，失其臧否，比之穿逾，善亦远矣！"

"餂之"，用舌头舐物，试看味道如何。

"未可以言而言"，尚未可以说话时而说话；"可以言而不言"，到可以说话时而不说话。这两种心态，都是在试探别人。

"是皆穿窬之类也"，都是穿逾偷窃之类。"人能充无穿窬之心，而义不可胜用也"。

读书，真能发人深省，看看自己的行为如何？以此自省、自察，有则改之，无则加勉。

78. 孟子曰："言近（浅近）**而指**（意旨）**远**（远大）**者，善言也；守约**（守身俭约）**而施博**（博施）**者，善道也。**

"言近而指远者"，言浅近但宗旨远大，就是"善言"。

"守约而博施者"，守身简约，舍得给别人，己所欲施于人，就是"善道"。

"守约"，绝对刻苦，少浪费；"博施"，广博施于人。博施济众，"尧舜其犹病诸"（《论语·雍也》）！

尽心下

"君子之言也，不下带（腰带）而道存焉。

"带"，腰带，心位于腰带以上，古人视不下带，即目前常见、至近之处。

君子之言，出于"不下带"的心，而道就存于此。道，出乎心，存乎心，"成性存存，道义之门"。

要"学而时习之"，以时习之，能用上。

"君子之守，修其身而（能）天下平。

人人皆有士君子之行，"君子笃恭而天下平"，"人人亲其亲，长其长，而天下平"，"人人奉元而天下平"，有容乃大，华夏，大同。

"人病（患）舍其田，而芸（耘）人之田。

"病"，毛病、习气，患也，"性相近，习相远也"。

人就好说，尽批评别人，而不反省自己好不好，习气不好。满街的王婆，净拨弄是非。

"所求于人者重，而所以自任者轻。"

焦循："言道之善，以心为原，当求诸己，而责于人，君子尤之，况以妄芸，言失务也。"

责己也轻，求人也重，是非不明。

要明理，才能改变气质。要扩大心胸，有容乃大。

79. 孟子曰："尧、舜，性者（率性）也；汤、武，反之（反身）也。

"尧、舜，性者也"，率性，按人性行事，不作伪，公天下思想。

"汤、武，反之也"，没按人性做事，知反省，但假惺惺。家天下思想，就为一家之私利。

"动容周旋中礼者，盛德之至也。

"动容周旋中礼者"，"动容貌，斯远暴慢矣"，都有个样子；"周旋"，中规中矩，能交际，不论行动或是表情皆"据于德"，应对合宜，"盛德之至也"。

"哭死而哀，非为生者也。

哀死者是出乎至情，非作伪给活人看。

"经（常）德不回（曲，转折），非以干（求）禄也。

"经德不回"，"经"，常也；"经德"，常德，直道而行，"人之生也直"；"不回"，不扭转，不是"得其人爵，而弃其天爵"，不为求高官厚禄、荣宠，"非以干禄也"。

"言语必信，非以正行也。

"言语必信"，说话信实，出内心之诚；"非以正行也"，不是为了表示自己品端行正。

"君子行法（依法度）以俟命（待天命）而已矣。"

焦循："君子之行，动合礼中，不惑祸福，修身俟终，尧舜之盛，汤武之隆，不是过也。"

尽心下

273

"君子行法以俟命而已矣"，行事依法度，不贪图，守本分，不求强，"穷理尽性以至于命"；"居易以俟命"，俟命以待之而已矣。

立身之道，"言忠信，行笃敬"，尽其在我，则"虽蛮貊之邦，行矣"（《论语·卫灵公》）。

80. 孟子曰："说大人则藐（miǎo，看轻）之，勿视其魏魏然（权大势大貌）。

"说大人则藐之"，此"大人"指有权有势的人，可能是王八蛋；"勿视其魏魏然"，不必看他一副权大势大的样子。

"堂高数仞（八尺一仞），榱（cuī，屋椽）题（头）数尺，我得志弗为（志不在此）也；食前方丈（排列甚多），侍妾数百人（姬妾之多），我得志弗为也；般乐（任性纵乐）饮酒，驱骋（驱策驰骋）田猎，后车千乘（随从众多），我得志弗为也。

"堂高数仞，榱题数尺"，住宅富丽堂皇；"食前方丈，侍妾数百人"，饮食讲究，场面气派；"般乐饮酒，驱骋田猎，后车千乘"，狂欢纵乐，随从众多。这些，我一旦得志了也不为。

"在彼者，皆我所不为也；在我者，皆古之制（古圣先贤法度）也，吾何畏彼哉！"

焦循："富贵而骄，自遗咎也。茅茨采椽，圣尧表也。以贱说贵，惧有荡心，心谓彼陋，以宁我神，故以所不为为之宝玩也。"

"在彼者，皆我所不为也"，他们的所作所为，都是我所"不为"的；"在我者，皆古之制"，我所守的皆"古之制"，古圣先贤的法度。

"吾何畏彼哉"，我一旦得志，亦有所不为，又何所惧于他们！

81. 孟子曰："养心莫善于寡（少）欲。其为人也寡欲，虽有不存焉者，寡矣；其为人也多欲，虽有存焉者，寡矣。"

焦循："清净寡欲，德之高者；畜聚积实，秽行之下。廉者招福，浊者速祸，虽有不然，盖非常道，是以正路不可不由也。"

"养心莫善于寡欲"，养心，寡欲，"其嗜欲深者，其天机浅"（《庄子·大宗师》）。

"其为人也寡欲，虽有不存焉者，寡矣"，养心之道，存心，存良知、良能，就不会被蒙蔽。

"其为人也多欲，虽有存焉者，寡矣"，多欲，为欲所困、所苦，当然存心、存德就少，因为蒙蔽了良知、良能。

多训练自己，将来用世时才明白。

82. 曾皙嗜羊枣，而曾子不忍食羊枣。

"羊枣"，果子，长椭圆形，初生色黄，熟则黑。
曾皙喜食羊枣，曾皙死后，曾参不忍吃羊枣，怕睹物思情。

公孙丑问曰："脍（肉细切）炙（烹炒）与羊枣孰美？"孟子曰："脍炙哉！"

"脍炙"，"脍"，细切肉；"炙"，烤熟肉。形容美味。

公孙丑曰："然则曾子何为食脍炙而不食羊枣？"

尽心下
275

曰："脍炙，所同（人人皆同）也；羊枣，所独（个人偏好）也。

焦循："曾参至孝，思亲异心，羊枣之感，终身不尝，孟子嘉焉。"

"脍炙，所同也"，脍炙是人人皆喜食的美味；"羊枣，所独也"，羊枣是曾皙独喜之味。

"讳名不讳姓，姓所同也，名所独也。"

昔"为亲者讳"，避名讳，讳名不讳姓。
"姓所同，名所独"，遇父母名，读别音。

83. **万章问曰："孔子在陈曰：'盍（何不）归乎来！吾党（乡党）之士狂简（志大而略于事）进取，不忘其初。'孔子在陈，何思鲁之狂士？"**

"狂简"，"狂者进取，狷者有所不为"（《论语·子路》）。"进取"，犹为上行。

"不忘其初"，"初"，本然之善，与生俱来的，"人之初，性本善"，足以有为。有无尽的希望，可成圣成贤。

孟子曰："孔子不得（找不到）中道（中行）而与之，必也狂獧（同"狷"）乎！狂者进取，獧者有所不为也。孔子岂不欲中道哉？不可必得，故思其次也。"

焦循："士行有科，人有等级，中道为上，狂獧不合。似是而非，色厉内荏，乡原之恶，圣人所甚。反经身行，民化于己，子率而正，孰敢不正也？"

孔子老年欲寻接班人，有所慨叹，"不得中行而与之"（《论语·子路》），中道之士难求。

"颜渊死，子曰'噫，天丧予'"（《春秋公羊学，哀公十四年》），没有传人，道之不行也。

"孔子岂不欲中道哉？不可必得，故思其次也"，只有退而求其次，"必也狂獧乎"！

"狂者进取，獧者有所不为"，志大，可以进取；有所不为，可以有为。至少必具此二标准。

"敢问何如斯可谓狂矣？"曰："如琴张、曾晳、牧皮者，孔子之所谓狂矣。"

"何以谓之狂也？"曰："其志嘐嘐（xiāo，言大而夸）然，曰'古之人，古之人'。夷考（考察）其行，而不掩焉者也。

志气高大，言大而夸，动辄言"古之人，古之人"，而追慕之。但查考其行为，又言行不相合。

"狂者又不可得，欲得不屑（污浊）不絜之士而与之，是獧也，是又其次也。"

狂者又不可得，只好求耻于德行贱污、行为不洁、有守不为的獧者。

"孔子曰：'过我门而不入我室，我不憾（遗憾）焉者，其惟乡原乎！乡原，德之贼也。'"

"乡原，德之贼"，贼道，貌似而神违，伪君子。这种人，"过我门而不入我室"，我也不感到遗憾。

曰："何如斯可谓之乡原矣？"

曰："'何以是嘐嘐也？言不顾行，行不顾言，则曰古之人，古之人！行何为踽踽（jǔ，独行不进）凉凉（疏而不亲）？生斯世也，为斯世也，善斯可矣。'阉然（掩藏）媚于世也者，是乡原也。"

"嘐嘐"，志大言大，言不顾行，行不顾言。"则曰古之人，古之人"，动不动就说古人如何如何！

"行何为踽踽凉凉"，行为何以如此落落寡合？

"生斯世也，为斯世也，善斯可矣"，生在这世上，就为这世上，只要是善就认可。

"阉然媚于世"，遮遮掩掩地一味讨好人，一乡人皆称好，"是乡原也"。

万子曰："一乡皆称原（愿）人焉，无所往而不为原人。孔子以为德之贼，何哉？"

全乡的人都说他是敦厚的人，他到哪儿也不能说不是敦厚的人。孔子却说是德之贼。"乡愿，德之贼也"（《论语·阳货》），是害德者。

能明理、知理，而且行理，就是有德。乡愿，知理但不能行理，就是有学，但缺德不能行所学。

曰："非（批评）之无举（实例证明）也，刺（指责）之无刺（似是而非）也。同乎流俗，合（迎合）乎污世。居（守）之似忠信，行之似廉洁。众皆悦之，自以为是，而不可与入尧舜之道，故曰'德之贼也'。

"非之无举也"，批评他举不出事实；"刺之无刺"，指责他也无懈可击。

"同乎流俗，合乎污世"，就是与世浮沉，同流合污。

"居之似忠信，行之似廉洁"，看似忠信，行为廉洁；实则似是而非，貌似而神违，乃"德之贼也"！

必明辨是非，明辨善恶，"论笃是与？君子者乎？色庄者乎？"（《论语·先进》）遇事、遇人要"明辨之"。"选举"要小心，否则，票就被骗了！

"孔子曰：'恶（厌恶）似而非者：恶莠（yǒu），恐其乱苗（易于混乱，难以辨认）也；恶佞（善辩谄媚），恐其乱义也；恶利口（能言善辩），恐其乱信也；恶郑声，恐其乱乐也；恶紫，恐其乱朱也；恶乡原，恐其乱德也。'

孔子"恶似而非者"，讨厌似是而非的人。

"恶莠，恐其乱苗"，莠草乱了根苗。

"恶佞，恐其乱义"，"佞"，巧言善辩；言而不行，乱了义。

"恶利口，恐其乱信也"，"利口"，言伪而辩，乱了信，"恶利口之覆邦家者"（《论语·阳货》）。

"恶郑声，恐其乱乐也；恶紫，恐其乱朱也"，"恶紫之夺朱也，恶郑声之乱雅乐也"（《论语·阳货》），因"近似"，最是难辨。

"恶乡原，恐其乱德也"，不得罪人，但遇事没有是非标准可

尽心下

言，似是而非，乱了德。

是非善恶要明辨之，"必也正名乎"。去掉"似是而非"的观念，要有"明辨是非"的智慧，不可以人云亦云。

"君子反经而已矣。经正，则庶民兴；庶民兴，斯无邪（邪曲）**慝**（隐恶）**矣！"**

"君子反经而已矣"，"反"，返，回到经，回到常道、直道。

"经正，则庶民兴"，人人都行常道，庶民就兴；"庶民兴，斯无邪慝矣"，人人直道而行，就没有乡愿邪曲的恶行了！

84. 孟子曰："由尧、舜至于汤，五百有余岁，若禹、皋陶则见而知之，若汤则闻而知之。

以五百年作为约数，五百年一变，必有"王者兴"，此与"时之损益之道"相合。

孔子曰："载之空言，不如见之于行事之深切著明也。"（《史记·太史公自序》）"见而知之"，见之于行事。"闻而知之"，载之空言。

"由汤至于文王五百有余岁，若伊尹、莱朱（汤贤臣）则见而知之，若文王则闻而知之。

"由文王至于孔子，五百有余岁，若太公望、散宜生（文王贤臣）则见而知之，若孔子则闻而知之。

"由孔子而来，至于今百有余岁，去圣人之世若此其未远也，近圣人之居若此其甚也。然而无有乎尔（决绝之中，尚有余望也），则亦（非实无有也）无有乎尔！"

焦循："仲尼至'获麟'而止笔，孟子以'无有乎尔'终其篇章，斯亦一契之趣也。"

"由孔子而来，至于今百有余岁"，孟子时代距孔子"百有余岁"，"去圣人之世若此其未远也"。孟子是邹人，"近圣人之居若此其甚也"，距离如此近。

"然而无有乎尔，则亦无有乎尔"，既无"见而知之"者，亦无"闻而知之"者。焦循："惟孔子但闻知而不能措之天下，使当时贤者得见而知，七十子学于孔子，亦皆闻而知之，非见而知之者也。"可见孔子的亲传弟子，对于孔学并没有好好传，也没有负起传道责任者。

孔子至今约两千多年，熊十力以"回复孔子真面目"自许。我们接着熊十力，继续跑下一棒，奉元行事，再现华夏之学，臻群龙无首，人类大同。

"所见""所闻""所传闻"，孔子分《春秋》为三世，"据乱世""升平世""太平世"，著见太平。

曾文正公至今亦百有余年！传人重要，要继志述事，但是可遇不可求，"苟非其人，道不虚行"！

朱子《四书章句集注》确有功力，但为理学，并非圣人之言，专改书以合其本义。

清儒思想多少有点儿解放了，进步很多。戴震（1724—1777）称朱子理学"以理杀人"，可惜亦一书呆，《孟子字义疏证》只成考据学之父。焦循（焦理堂，1763—1820）《孟子正义》不错，可以参考。

尽心下

孟子篇叙

赵邠卿

《孟子篇叙》者，言《孟子》七篇所以相叙之意也。

孟子以为圣王之盛，惟有尧舜。尧舜之道，仁义为上，故以"梁惠王问利国，对以仁义"，为首篇也。

仁义根于心，然后可以大行其政，故次之以"公孙丑问管晏之政，答以曾西之所羞"也。

政莫美于反古之道，滕文公乐于反古，故次以"文公为世子，始有从善思想之心"也。

奉礼之谓明，明莫甚于离娄，故次之以"离娄之明"也。

明者当明其行，行莫大于孝，故次之以"万章问舜往于田号泣"也。

孝道之本，在于情性，故次之以告子论情性也。

情性在内而主于心，故次之以"尽心"也。

尽己之心，与天道通，道之极者也。是以终于《尽心》也。

道善人文经典文库
让你能知味的中华经典解读丛书

图书·音视频·讲座
敬请关注

毓老师作品系列

毓老师说论语（修订版）	爱新觉罗·毓鋆讲述
毓老师说中庸	爱新觉罗·毓鋆讲述
毓老师说庄子	爱新觉罗·毓鋆讲述
毓老师说大学	爱新觉罗·毓鋆讲述
毓老师说老子	爱新觉罗·毓鋆讲述
毓老师说易经（全三卷）	爱新觉罗·毓鋆讲述
毓老师说（礼元录）	爱新觉罗·毓鋆讲述
毓老师说吴起太公兵法	爱新觉罗·毓鋆讲述
毓老师说公羊	爱新觉罗·毓鋆讲述
毓老师说春秋繁露（上下册）	爱新觉罗·毓鋆讲述
毓老师说管子	爱新觉罗·毓鋆讲述
毓老师说孙子兵法（修订版）	爱新觉罗·毓鋆讲述
毓老师说易传（修订版）	爱新觉罗·毓鋆讲述
毓老师说人物志（修订版）	爱新觉罗·毓鋆讲述
毓老师说孟子	爱新觉罗·毓鋆讲述
毓老师说诗书礼	爱新觉罗·毓鋆讲述

刘君祖作品系列

易经与现代生活	刘君祖
易经说什么	刘君祖
易经密码全译全解（全9辑）	刘君祖
易断全书（上下）	刘君祖
刘君祖经典讲堂（全十卷）	刘君祖
人物志详解	刘君祖

其他

易经与中医学	黄绍祖
论语故事	（日）下村湖人
汉字细说	林藜
新细说黄帝内经	徐芹庭
易经与管理	陈明德
周易话解	刘思白
汉字从头说起	吴宏一
道德经画说	张爽
史记的读法	阮芝生
论语新读法	崔正山
数位易经（上下）	陈文德
从心读资治通鉴	张元
公羊春秋的伦理思维与特质	林义正
《周易》《春秋》的诠释原理与应用	林义正
易经经传全义全解（上下册）	徐芹庭
周易程传全译全解	黄忠天
牟宗三演讲集（10册）	牟宗三
易经之钥	陈炳文
唐诗之巅	朱琦

人与经典文库（陆续出版）

左传（已出）	张高评	论语	林义正
史记（已出）	王令樾	墨子	辛意云
大学（已出）	爱新觉罗·毓鋆	近思录	高柏园
中庸（已出）	爱新觉罗·毓鋆	管子	王俊彦
老子（已出）	吴怡	传习录	杨祖汉
庄子（已出）	吴怡	尔雅	卢国屏
易经系辞传（已出）	吴怡	孟子	袁保新
韩非子（已出）	高柏园	荀子	周德良
说文解字（已出）	吴宏一	孝经	庄兵
诗经	王令樾	淮南子	陈德和
六祖坛经	吴怡	唐诗	吕正惠
碧岩录	吴怡	古文观止	王基伦

四库全书	陈仕华	说 苑	殷善培
颜氏家训	周彦文	闲情偶寄	黄培青
聊斋志异	黄丽卿	围炉夜话	霍晋明
汉 书	宋淑萍	元人散曲	林淑贞
红楼梦	叶思芬	戏曲故事	郑柏彦
鬼谷子	刘君祖	楚 辞	吴旻旻
孙子兵法	刘君祖	水浒传	林保淳
人物志	刘君祖	盐铁论	林聪舜
春秋繁露	刘君祖	抱朴子	郑志明
孔子家语	崔锁江	列 子	萧振邦
明儒学案	周志文	吕氏春秋	赵中伟
黄帝内经	林文钦	尚 书	蒋秋华
指月录	黄连忠	礼 记	林素玟
宋词三百首	侯雅文	了凡四训	李懿纯
西游记	李志宏	高僧传	李幸玲
世说新语	尤雅姿	山海经	鹿忆鹿
老残游记	李瑞腾	东坡志林	曹淑娟
文心雕龙	陈秀美	……	